Can Dündar

VERRÄTER

Von Istanbul nach Berlin. Aufzeichnungen im deutschen Exil

Aus dem Türkischen
von Sabine Adatepe

Hoffmann und Campe

1. Auflage 2017

www.hoca.de
Satz: pagina GmbH, Tübingen
Gesetzt aus der Adobe Garamond Pro und Trade Gothic
Druck und Bindung: CPI books GmbH, Leck
Printed in Germany
ISBN 978-3-455-00188-4

HOFFMANN UND CAMPE

Ein Unternehmen der
GANSKE VERLAGSGRUPPE

In memoriam Mete Akyol

So stemmen wir uns voran, in Booten gegen den Strom, und werden doch immer wieder zurückgeworfen ins Vergangene.

F. Scott Fitzgerald, **Der große Gatsby**

INHALT

VORWORT

Eines Morgens erwachte ich mutterseelenallein.
Das Haus, in dem ich aufwachte, war nicht meins, das Bett nicht das gewohnte.
Meine Frau lag nicht neben mir. Die Einrichtung war mir fremd.
Ich zog den Vorhang auf:
Eine fremde Stadt schaute herein. Weder war da der üppig grüne Garten noch das blaue Meer. Ich befand mich nicht in meinem Land. Die Sonne, deren stetiges Lächeln ich gewohnt war, hielt sich hinter Wolken verborgen.
Ich schaltete den Fernseher ein, auf dem Bildschirm redeten Menschen, die ich nicht kannte, in einer Sprache, die ich nicht verstand.
Ich hatte keine Arbeit, zu der ich hätte gehen, ebenso wenig einen Menschen, mit dem ich hätte reden können.
Mein Haus, meine Frau, meine Stadt, mein Garten, mein Land, meine Arbeit – alle meine Lieben waren auf einen Schlag aus meinem Leben verschwunden.
You'll never walk alone, das Lied, das mir Freunde unentwegt ins Ohr gesungen hatten, war verstummt.
Sam-jsa bedeutet im Tschechischen »allein seiend«.
Die Erzählung von Gregor Samsas Erwachen und die Bedeu-

tung seines Namens schienen in diesem Moment genau auf mich zu passen.

Ein Bericht in der Zeitung hatte mein Leben verändert.
Ich hatte ein »Geheimnis« aufgedeckt, das alle kannten.
Ich hatte belegt, dass der staatliche Geheimdienst illegal Waffen nach Syrien lieferte. Aufnahmen davon lagen vor. Die Regierung hatte es nicht dementieren können. Sie beharrte lediglich darauf, es handele sich um ein Geheimnis des erhabenen Staates, das im Verborgenen zu bleiben habe. Eine Operation, die das Land in einen Krieg hineinziehen konnte, war mit dem Schild »Kein Zutritt!« verrammelt worden. Niemand, der sich Journalist nennt, hätte ein solches Schild beachtet, jeder hätte sich die Sache genau angeschaut. Genau das hatten wir getan und damit die um eine internationale Straftat gezogene Grenzlinie verletzt.
Die Anschuldigung gegen uns war so gewaltig wie das Verbrechen, das wir enthüllt hatten:
»Aufdeckung eines Staatsgeheimnisses zwecks Versuchs, die Regierung zu stürzen …«
Zweimal lebenslänglich lautete die Forderung gegen uns. Nach dem alten Strafrecht[1] hätte das ein Todesurteil für uns bedeutet.
Einen Journalisten zum Tode verurteilen wollen, weil er einen wahren Bericht veröffentlich hatte!
Der Hass blendete die Rechtsprechung.
Man bezichtigte mich, ich kam ins Gefängnis, ich wurde vor Gericht gestellt, es wurde auf mich geschossen, ich wurde verurteilt. Und eines Tages wachte ich im Exil auf.
Es folgte der giftige Stempel:
»Landesverräter!«

Denn unser Land war Dieben in die Hände gefallen. Räubern, Waffenschmugglern, Kriegshändlern, Waldmarodeuren, Ausschreibungsschiebern, Palast-Intriganten, Religionsschacherern, Köpfe abschlagenden Dschihadisten …
Wer sich gegen sie stellte, galt als Gegner des ganzen Landes. So nannte man es Landesverrat, dass wir den Mitschnitt des Telefonats veröffentlichten, in dem Erdoğan seinen Sohn fragte, ob er »das Geld im Haus« habe verschwinden lassen; dass wir die Worte des Geheimdienstchefs, »Wenn nötig, schicke ich vier Männer nach Syrien, lasse von dort acht Raketen auf die Türkei abfeuern und schaffe einen Kriegsgrund«, publizierten; dass wir mit einer Schlagzeile enthüllten, wie radikale Islamisten an der Grenze, bei Polizei und Justiz von Regierungsseite beschützt wurden; dass wir bekannt machten, wie Unternehmer auf Druck der Regierung und mit Großbauprojekten als Gegenleistung Medien aufkauften und in Propaganda-Instrumente verwandelten …
All dies waren Staatsgeheimnisse; schmutzige Geheimnisse, über die die Menschen im Land doch unterrichtet werden mussten.
Die über die Wahrheit gebreitete Decke reichte nicht länger, um den daruntergekehrten Dreck zu verbergen.

Die Regierung wandte eine in der Psychologie als Projektion bekannte Verteidigungsstrategie an:
Sie übertrug ihre eigene Schuld auf jene, die ihre Tat aufgedeckt hatten.
Um den eigenen Landesverrat zu verschleiern, erklärte sie jene, die für das Land eintraten, zu Landesverrätern. Dabei engagierten wir uns, weil wir unser Land liebten, nach Kräften dafür, dass es nicht von einem unzeitgemäßen Frömmler-

Fanatismus in die Finsternis gerissen wurde, nicht mit seinem Nachbarn in Krieg geriet, seine Wälder und Ressourcen nicht geplündert wurden, dass es nicht von Bürgerkrieg, Angst und Armut überzogen wurde.
Wir waren es, die für Recht und Gerechtigkeit eintraten, sie dagegen missachteten sie.
Wir waren es, die den Baum hegten und pflegten, sie fällten ihn.
Wir waren es, die Frieden wollten, sie entfachten Krieg.
Wir waren es, die die Religion achteten, sie dagegen richteten sich nach dem Gebot der Politik.
Wir waren es, die gewalttätigen Polizisten Einhalt geboten, sie dagegen riefen: »Schießt!«
Wir hatten unsere Kinder dazu erzogen, sich nicht unrechtmäßig zu bereichern, sie dagegen hüteten daheim gehortetes schmutziges Geld.
Sie waren es, die uns in »wir und sie« auseinanderdividierten.

Als Erdoğan mich als Landesverräter abstempelte, stritt ich für sein Recht, in Deutschland aufzutreten. Denn, wie der bosnische Präsident Alija Izetbegović einmal sagte: »Ein Krieg geht nicht verloren, wenn man besiegt wird, sondern wenn man dem Feind ähnlich wird.« Für uns war existenziell, unter allen Umständen für Meinungs- und Redefreiheit einzutreten.
Als ich des Landesverrats bezichtigt wurde, riet ich deutschen Unternehmern, ihre Investitionen in der Türkei nicht auszusetzen, sondern sie an die Bedingung von Rechtsstaatlichkeit zu knüpfen. Gegen die Regierung, die mein Land in die Einsamkeit führte, engagierte ich mich dafür, dass es nicht von der europäischen Familie losgerissen wurde.

Als Interpol der Haftbefehl gegen mich übermittelt wurde, sagte ich Deutschen, die sich nach Erdoğans an Angela Merkel gerichtetem Nazi-Vorwurf fürchteten, Urlaub in der Türkei zu machen: »Zwischen unseren Völkern gibt es kein Problem. Fahren Sie in die Türkei! Wir sollten einander noch viel näherkommen.«

Als die regierungstreue türkische Presse Deutschland vorwarf, »den Terroristen« im Schloss des Bundespräsidenten empfangen zu haben, warf ich Merkel vor, den Widerstand der Menschen in der Türkei zu ignorieren.

Man betrachtete die Türkei, als bestünde sie aus Erdoğan allein. Und genau dieses Bild versuchte auch Erdoğan zu vermitteln. Er versteckte sich hinter seinem Land und stellte Kritik an seiner Politik als Kritik an der Türkei insgesamt dar. Dabei ist die Türkei *eine* Sache, Erdoğan aber eine andere. Und da wir die erste lieben, wollen wir sie von der zweiten befreien.

Dieses Engagement war es, das mich fern meiner Heimat nach Deutschland führte, das mich in die unangenehme Lage versetzte, eines Morgens mutterseelenallein in Berlin aufzuwachen.

Was in meinem Leben seit einem Jahr fehlt, geht mir wegen Erdoğan ab. Doch auch was ich habe, ist – ironischerweise – ein wenig ihm geschuldet.

Wegen seiner Wut, seines Hasses, seines Rachedursts verlor ich meine Arbeit, meine Frau, mein Land, doch aufgrund des Kampfes, den ich gegen diese Hasskampagne führe, wurde ich ehrenvoll in die große Familie der Menschenrechtsverfechter aufgenommen. Die Proteste gegen ihn riefen Sympathie für mich hervor.

Die zehn internationalen Auszeichnungen, die ich im Laufe des vergangenen Jahres erhielt, und die Übersetzung meines Buches in fünf Sprachen belegen diese Solidarität. Wenn man am einen Ende der Welt für Demokratie, Menschenrechte, Presse- und Meinungsfreiheit streitet, rührt man damit an das Leben anderer, die am anderen Ende einen ähnlichen Kampf führen, und die starke Stimme der Solidarität verhindert, dass man im Stillschweigen ertrinkt.

Die Menschen in Europa wundern sich, warum Erdoğan trotz unzähliger Fehler, trotz seiner Wut und all der Repressionen seit so vielen Jahren in seinem Land und vor allem auch bei seinen Landsleuten in Europa nach wie vor derart populär ist.
Dafür gibt es verschiedene Erklärungen, eine lautet:
Er hat eine Geschichte.
Eine Geschichte, die ihm in der Politik sehr von Nutzen ist.
Er wuchs in einem Istanbuler Viertel auf, in dem viele Ausgegrenzte leben, sein Leben begann unter schlechten Voraussetzungen wie Bildungsmangel und Armut, doch er kämpfte gegen die Hindernisse auf seine Art an, dann musste er ins Gefängnis, weil er ein Gedicht vorgetragen hatte, später gelang es ihm, den Thron jener zu erobern, die ihn hinter Gitter gebracht hatten.
Das ist eine Erfolgsgeschichte, die großen Bevölkerungsgruppen, die wie er Diskriminierung, Armut und Bildungsmangel ausgesetzt sind, Hoffnung macht.
Allerdings geht die Geschichte böse aus:
Bis er den Gipfel des Erfolgs erreicht hatte, lebte Erdoğan in bescheidenen Verhältnissen; sobald er das Machtmonopol innehatte, ließ er einen der größten Paläste der Welt für

sich errichten. Statt die Repression abzuschaffen, sagte er: »Jetzt ist die Reihe zu unterdrücken an mir«, und verwandelte die Türkei in ein gigantisches Freiluftgefängnis. Statt Bereicherung durch Diebstahl und Plünderung einen Riegel vorzuschieben, zog er es vor, »Jetzt sind wir dran« zu sagen und die Ressourcen des Landes großzügig seinen Anhängern zu kredenzen. Den Anschein des Staatsmanns, der sich um Frieden mit Kurden, Armeniern und allen Nachbarn bemüht und die Zukunft seines Landes in Europa sieht, legte er ab und verwandelte die Türkei in ein unterdrücktes, innerlich gespaltenes, einsames Land, das mit aller Welt zerstritten ist. All dies hüllte er in den Mantel der Religion. Er rühmte den Tod und machte seine Anhänger glauben, das Größte, was es im Leben zu erreichen gebe, seien Leichentuch und Märtyrertod. Kritik untersagte er.

Es stellte sich heraus, dass der Mann, der Knechten die Freiheit versprochen hatte, im Grunde nur selbst Herr über sie sein wollte.

Genau das ist es doch, was man Verrat am eigenen Land nennt.

Nun, auch ich habe eine Geschichte.

Als meine Mutter am Telefon sagte: »Mach dir keine Sorgen um mich, mein Platz ist bereit«, wusste ich, dass sie den Platz neben dem Grab meines Vaters meinte. Dass ich sie vielleicht nie mehr wiedersehen werde, ist der Preis dafür, dass wir unser Land gegen Repression, Diebstahl und Plünderei verteidigen.

Dass ich seit über einem Jahr meine Frau nicht haben treffen können, dass unser Haus, das wir vom Ersparten eines ganzen Lebens erworben hatten, nun von Konfiszierung bedroht ist und es das Bestreben gibt, mir die Staatsbürgerschaft zu entziehen, ist der Preis dafür, dass wir unser Land lieben.

Dass ich mich eines Tages selbst fand, als ich im Wörterbuch nach dem Wort »haymatlos« suchte, dass ich im Büro hinter vorgezogenen Vorhängen arbeiten muss, dass ich fern von meinem geliebten Land lebe, ist der Preis für den Kampf darum, dieses Land nicht einem islamofaschistischen Regime in die Hände fallen zu lassen.

Nun, auch jene, die ein Auge verloren, weil auf sie geschossen wurde, als sie im Gezi-Park um den Erhalt eines Baumes kämpften, haben eine Geschichte. Eine Geschichte haben auch die Frau mit Kopftuch und Plastikschuhen an den Füßen, die auf dem Markt festgenommen wurde, als sie dort das Brot für ihre Kinder verdiente; die junge Frau, die attackiert wurde, weil sie den Bus in Shorts bestiegen hatte; der Karikaturist, der zu einer Gefängnisstrafe verurteilt wurde, weil er Erdoğan als Katze gezeichnet hatte; die Wissenschaftlerinnen und Wissenschaftler, die von der Universität geworfen wurden, weil sie einen Aufruf gegen das Blutvergießen unter Brüdern unterzeichnet hatten; jene, die jetzt von der Partei, der sie aufgrund ihrer Frömmigkeit ihre Stimme gegeben haben, in Armut und Bedürftigkeit allein gelassen werden; die Frau, die Polizisten wegzerrten, ihr den Arm brachen und rücklings Handschellen anlegten, als sie Rechenschaft für den Tod ihres fünfzehnjährigen Sohnes durch eine Tränengasgranate der Polizei forderte[2]; die Kurden, deren Abgeordnete und Vorsitzende – von ihnen gewählt, als man ihre Städte und Dörfer zerstörte – in Ketten gelegt wurden; die Aleviten, deren Türen mit roter Farbe markiert wurden – sie alle haben eine Geschichte.

Das Land weiß mittlerweile, wer es liebt und wer es ausraubt.

Manche Bücher liegen verlassen in einer Schublade und warten darauf, geschrieben zu werden. Andere sind ungeduldig, rufen laut: »Schreib mich!«, und drängeln.
Dieses Buch hätte ich schreiben können, wenn irgendwann die Wunden des Exils verheilt und vernarbt sind, doch ich wollte, dass man weiß, um welchen Preis wir Widerstand leisten, dass man sieht, wie wir innerlich bluten, und dass bekannt wird, wer der eigentliche Landesverräter ist.
Ich wollte, dass man sieht, dass die Mächtigen im Unrecht und die Schwachen im Recht sind. Dass die Schwachen stärker werden, wenn die, die sich im Unrecht befinden, an Macht verlieren.
Ich wollte, dass man erkennt, wie schwierig und zugleich existenziell notwendig es ist, trotz aller im Kampf erhaltenen Lädierungen die Fahne der Hoffnung zu schwenken.
Den deutschen Leserinnen und Lesern, die den Preis der Ein-Mann-Diktatur aus der eigenen Geschichte kennen, wollte ich näherbringen, welch bleiches Antlitz das schöne Land, in das sie in Urlaub fahren, hinter den Mauern der Ferienressorts hat.
Als Augenzeuge wollte ich davon berichten, wie das »arme, aber sexy« Berlin immer mehr auch zu einer gefährlichen, aber hoffnungsfrohen Stadt politischer Flüchtlinge wird.
Ich wollte verkünden, dass die Überreste einer alten Mauer, an denen mein Weg täglich entlangführt, mir davon spricht, dass kein Repressionsregime ewig währt, auch wenn es jetzt ungeheuren Kummer bereitet.

Ich widme dieses Buch dem mit einundachtzig Jahren verstorbenen Journalisten Mete Akyol, der mir wie ein großer Bruder war.

Mete Akyol vor dem Gefängnis in Silivri.

Eine Woche nach unserer Verhaftung war er mit einem Stuhl vor das Gefängnis gekommen, in dem wir einsaßen.
Es war Winter, es war eiskalt. Er stellte den Stuhl vor das Tor, setzte sich darauf, hüllte sich in seinen Mantel und las den ganzen Tag ein Buch.
Es war ein persönlicher Protest, die Warnglocke, die ein damals achtzigjähriger Meister in aller Stille anschlug.
Bevor er heimging, sagte er: »Ich war einen Tag lang hier. Wenn jeder meiner Kollegen auch nur einen Tag lang herkommt, kann Hoffnung daraus entstehen.«
Ab dem folgenden Tag kamen Journalisten zu Hunderten und standen mit ihren Stühlen Schlange, um sich an der »Wache der Hoffnung« zu beteiligen. Bald kamen die Menschen in ganzen Busladungen herbei und verwandelten den Platz vor der Haftanstalt in einen Kundgebungsplatz.
Die Aktion, die der junge Mann von achtzig Jahren eingeläutet hatte, hatte großen Anteil daran, dass ich heute frei bin.

Als ich aus dem Gefängnis kam, brachte er mir den Stuhl und schenkte ihn mir. Ich versprach ihn dem Pressemuseum. Manchmal reicht ein hölzerner Stuhl aus, um einen goldenen Thron zu stürzen.

Can Dündar
August 2017

1

DAS FLUGZEUG

Ich sitze im Flugzeug.
Zum ersten Mal seit Monaten.
Ich lasse vom Himmel den Blick über die Erde schweifen und erinnere mich an die Zeit vor drei Monaten:
Von einem Gefängnishof schaute ich zu den Flugzeugen am Himmel auf. Wie hoch und groß wirkte die Mauer, wie fern und klein das Flugzeug!
»Ob ich je wieder im Flugzeug sitzen und in die Ferne fliegen kann?«, seufzte ich damals.
Gezählte Tage vergehen, schlimm aber ist die Ungewissheit. Ein Lebenslänglicher kommt womöglich nie wieder frei.
Nun aber schaue ich aus dem Flugzeug auf die Landschaft unter mir. Ich halte Ausschau nach Silivri, nach dem Land der Gefangenschaft, in dem ich drei Monate logierte. Aus der Luft wirkt die Mauer niedrig und klein, das Flugzeug, in dem ich sitze, dagegen groß.
Schauen wohl jene, die jetzt dort im Gefängnis auf einem der Betonhöfe von vier mal acht Schritt stehen, zum Himmel hinauf?
Ob sie das Flugzeug sehen und dabei seufzen?
Im Grunde ist weder das Flugzeug extrem fern noch die Mauer extrem hoch.

Glauben und Hoffnung bestimmen unsere Wahrnehmung von Dimensionen.
Ohne Glauben und ohne Hoffnung kommen einem die Mauer höher und die Freiheit ferner vor, als sie tatsächlich sind.
Hoffnung indes verkürzt die Ausmaße der Mauer, die Entfernung des Himmels, den Weg zur Freiheit.
Der Glauben überwindet die Mauer und rückt die Ferne näher.
Und eines ist sicher:
Was dich nicht umbringt, macht dich stark.

2

TRENNUNG

Wenn Sie mit jemandem, den Sie mögen, zusammengesessen und geplaudert haben, verabschieden Sie sich vielleicht mit den Worten: »Wir sehen uns!«
Aber Sie sehen sich nicht wieder.
Es ist das letzte Treffen, ohne dass Sie es ahnen.
Hätten Sie es gewusst, wären Sie vielleicht länger geblieben, hätten sich jedes Wort des anderen genau eingeprägt, seinen Duft in sich aufgenommen, ihn ausgiebig umarmt, wären womöglich gar nicht gegangen; doch es ist zu spät.
Das tut weh.

Als Dilek, unser Sohn Ege, der in England studiert, und ich am letzten Junitag 2016 in London zusammen waren, ahnten wir nicht, dass dies unser letztes Treffen vor einer sehr langen Trennung sein würde. Nach einem Interview beim *Guardian* machten wir es uns auf Liegestühlen draußen vor dem Zeitungshaus bequem, schauten den Enten auf dem Kanal zu und tranken unser Bier, während die zarte Londoner Sonne unsere Haut streichelte. Während meiner Haft hatten wir drei außer an wenigen offenen Besuchstagen nicht zusammen sein können. Nach unserem Treffen in London sollte es dann wieder nahezu unmöglich werden, zusammenzukommen.

Wir sprachen an jenem Tag nicht von der unerfreulichen Vergangenheit, von Haft und Trennung, sondern von der Zukunft, von der Lage in der Türkei und der Welt. Vermutlich waren wir aber alle in Gedanken bei anderen unerfreulichen Ereignissen, über die wir nicht reden wollten:
Die Polizei hatte plötzlich die Personenschützer abgezogen, die sie nach dem Attentat auf mich bewilligt hatte.
Meine Zeitung hatte mir ein Schloss vor die Tür gehängt: »Die Drohung ist ernst, wir müssen Maßnahmen treffen.«
Die Bank verkündete, der zuvor bewilligte Hauskredit werde vermutlich storniert werden. Wir saßen auf Schulden.
Von der Staatsanwaltschaft war die Vorladung zu einem neuen Prozess gekommen.
Die regierungsnahe Presse blies wegen Aussagen, die ich nach meiner Freilassung gemacht hatte, inzwischen zum Generalangriff.
Bei der Zeitung war es unterdessen zu einem Missklang gekommen. Mehrere mir sehr nahestehende Kollegen aus dem Hirn der Zeitung hatten gekündigt, obwohl ich gesagt hatte: »Mitten im Kampf schmeißt man nicht hin.«
Ich war erschöpft und bedrückt.
Von dem Gehetze von einer Einladung zur anderen, die nach meiner Haft aus Europa kamen, drehte sich mir der Kopf.
Die Strapazen der Haft waren noch nicht überwunden. Die Probleme stapelten sich.
Ich musste mich ausruhen, mich sammeln, am Strand liegen, Sonne tanken und mit der Lektüre für mein neues Buch beginnen. Möglichst weit entfernt von Telefonklingeln, Krisennachrichten, Drohungen, Ermittlungen, Leibwächtern, Pulverdampfgeruch und Gerüchten in der Zeitung musste ich neue Kräfte sammeln.

Ich bat die Zeitung und meine Frau um anderthalb Monate Urlaub. Am 7. Juli packte ich Bücher und Sommersachen in zwei Koffer und fuhr allein in Urlaub. Unruhig wie ein aus dem Käfig befreiter Vogel stieg ich ins Flugzeug nach Barcelona.

3

FLÜCHTLING

7:30 Uhr morgens.
Schreie aus den letzten Reihen im Flugzeug:
Stöhnen, Flehen, kummervolles Gejammer.
Die traurige Stimme einer wehklagenden Frau.
Unablässig wiederholt sie dieselben Wörter. Wir verstehen nicht, was sie sagt, doch ihre Empörung ist offensichtlich groß.
Die Stewardess erklärt den irritierten Reisenden:
»Ein Flüchtling aus Eritrea, sie wird zum dritten Mal abgeschoben, sie wehrt sich …«
Um uns zu beruhigen, fügt sie hinzu:
»Es sind Zivilpolizisten dabei, keine Sorge. Wir sind so was gewohnt.«
Dennoch sind die Passagiere beunruhigt.
Die Klage der Frau aus Eritrea wird vor dem Start immer lauter, Passagiere aus den hinteren Reihen ziehen nach vorne um, flüchten vor der Störung.
Einige setzen Kopfhörer auf, hören Musik oder verlegen sich darauf, nichts zu hören, und schlafen.
Andere schauen besorgt von weitem zu.
Niemand aber kommt ihr zu Hilfe, fragt nach ihren Sorgen, sucht nach einer Lösung.

Schauspiel eines Aufstands, bewacht von zwei Polizisten in Zivil.
Hinter mir höre ich einen Reisenden sagen: »Gut, dass sie die abschieben.«
Ich drehe mich zu ihm um.
Ein Schwarzer.
Vermutlich also jemand, der vor dieser Frau aus Eritrea einen Platz in Europa ergattern konnte. Panisch darum bemüht, seinen Platz nicht zu verlieren, hat er sein Gewissen eingebüßt.
Abgebrüht grinst er mich an:
»Hauptsache, die jagt sich nicht in die Luft …«
Erst als er meine wütenden Blicke sieht, senkt er die bis zu den Ohren hochgezogenen Mundwinkel.
Mit dem Flugzeug steigen auch die Schreie auf, fliegen von den hinteren Reihen in Richtung Cockpit.
Die Frau aus Eritrea schreit, als verbrenne sie bereits in dem Höllenfeuer, in das sie zurückgeschickt wird.
Ihre glühende Rage raubt den Passagieren das letzte bisschen Ruhe.
Neugier herrscht auf den luxuriösen Plätzen, Nervosität, Unbehagen, Ärger, Gleichgültigkeit, Angst.
Aber keine Scham, auch Barmherzigkeit scheint nicht dabei zu sein.
Bedauern?
Vielleicht.
Eine höfliche Durchsage in drei Sprachen, der Aufschrei in einer der Sprachen Eritreas übertönt sie alle.
Die angenehme Stimme der Stewardess kollidiert mit der Panik in der Stimme der Geflüchteten.
Das Drama eines Kontinents verwandelt sich in einem Flugzeug in ein symbolisches Schauspiel.

Die humanistische Schminke Europas verläuft bei diesem Aufschrei; darunter kommt ein distanziertes, ängstliches Menschengesicht zum Vorschein.
Europa mag es noch nicht bemerkt haben, doch der Schrei, vor dem es die Ohren verschließt, dem es mit Abscheu begegnet, vor dem es flieht, verkündet im Grunde sein eigenes Ende.
Das Flugzeug Europa trudelt.
Und wenn sich die in Panik geratenen Europäer streiten, aus dem Flieger zu springen versuchen oder die Tür aufreißen, um Neuankömmlinge hinauszuwerfen, dann sorgen sie dafür, dass das Flugzeug rasant an Höhe verliert.
Die Panik im Flugzeug und die Unfähigkeit, nicht nur an sich selbst zu denken, hallt in den Ohren wie der letzte Atemzug des alten Kontinents wider.
Als das Flugzeug landet, sind die Schreie der Frau aus Eritrea verstummt.
Mit ängstlichen Blicken und raschen Schritten eilen die Passagiere zum Ausgang.
Sie sind erleichtert. Endlich sind sie einen weiteren Flüchtling los.
Als alle ausgestiegen sind, beginnt das Bodenpersonal ganz hinten mit dem Putzen. Menschen aus Asien, die darauf warten, dass die Reihe zu schreien an sie kommt.
Wenn das die Endstation ist, haltet die Welt an, es möchte jemand aussteigen.

4

DER PUTSCH

Die Nacht des 15. Juli 2016 war eine der schwärzesten in der Geschichte der Türkei.

Am Abend rief Murat Sabuncu an. An meiner Stelle leitete er de facto die Zeitung.

»Schalte sofort den Fernseher ein! Soldaten haben die Bosporus-Brücke einseitig abgesperrt. Da geht Seltsames vor«, sagte er.

Damit war meine eine Woche »Dolce Vita« in Barcelona zu Ende. Die Plage hatte mich auch dort eingeholt. Der unvergessliche Satz aus dem Film *The Hours – Von Ewigkeit zu Ewigkeit* klang mir in den Ohren:

»Du wirst keinen Frieden finden, indem du das Leben fliehst.«

Ich hob den Kopf aus den geliebten Büchern und wandte mich dem Fernseher zu, der hektisch Fragezeichen ausspuckte. Von der Armee, deren Strippen mittlerweile vollständig Erdoğan zu ziehen schien, hatte niemand einen Umsturzversuch erwartet.

Ein paar Minuten später kam der nächste Anruf:

»Sieht nach einem Putsch aus.«

Dabei sah es überhaupt nicht danach aus. Wir Türken haben Erfahrung mit Militärputschen. Um Turbulenzen an der

Börse zu vermeiden, werden Putsche meist in der Nacht von Freitag auf Samstag gegen Morgen durchgeführt. Es war zwar Freitag, aber noch nicht einmal Mitternacht. »Normalerweise« werden zuerst das Präsidialamt und der Sitz des Ministerpräsidenten gestürmt, Politiker verhaftet und im Fernsehen eine Erklärung zum Staatsstreich verlesen. Wenn gegen Abend die Bosporus-Brücke gesperrt wurde, sah das vielmehr nach einem der häufigen Suizidversuche aus.

Konnte es sein, dass die Armee Selbstmord beging?

Meine erste Hypothese lautete, es müsse sich um den »Reichstagsbrand der Türkei« handeln. Ein solcher Putschversuch würde Erdoğan zum Opfer machen und ihm einen großen Trumpf in die Hände spielen, der ihm ermöglichen würde, die Macht vollkommen an sich zu reißen.

Doch mit fortschreitender Stunde wuchsen die Ausmaße des Wahnsinns. Die Putschisten bombardierten das Parlament und den Präsidentenpalast; Erdoğan, um Haaresbreite dem Zugriff entkommen, rief die Bevölkerung auf die Straße, die Menschen sollten sich den Panzern entgegenstellen, von den Moscheen wurde zur Gegenwehr gerufen.

Unverzüglich gab die Regierung bekannt, es handele sich um einen Putsch der »Gülen-Terrororganisation«.

Sollte das stimmen, erlebten wir die reinste Frankenstein-Geschichte:

Das »Monster« hatte seinen Schöpfer attackiert und würde nun von diesem vernichtet werden. Der »Held«, der das Monster stoppte, war der Präsident.

Das war in Erdoğans Worten ein »Geschenk Gottes«. Hatte nicht jede Militärintervention eine neue Rechtsregierung nach sich gezogen?

Um 1:30 Uhr in jener Nacht twitterte ich:

»Der 12. September brachte Turgut Özal an die Macht, der 28. Februar die AKP.
Der 27. April machte Abdullah Gül zum Staatspräsidenten.
Der 15. Juli macht Erdoğan zum Staatschef im Präsidialsystem.«[3]

Auf der Stelle sprang das Heer der Trolle an, es hagelte Todesdrohungen. Auf Erdoğans Aufruf hin waren die Menschen auf die Straßen gegangen, sie lynchten Soldaten, die nicht wussten, auf wessen Befehl hin sie die Panzer fuhren, von den unverzüglich ins Boot geholten Moscheen wurde zum Totengebet gerufen, auf den Plätzen erscholl der Ruf: »Todesstrafe! Todesstrafe!« Es gab 250 Tote und über 1500 Verletzte.

Die Gefahr eines Zivilputsches stand im Raum, der unter dem Vorwand, einen Militärputsch zu verhindern, durchgeführt werden würde.

Am 16. Juli stimmten die Zeitungen Siegesgeschrei an, die *Cumhuriyet* dagegen trat für Demokratie ein:

»Gegen jeden Putsch, ob militärisch oder zivil: Die Lösung ist Demokratie!«

Am nächsten Tag setzte unverzüglich eine große Hexenjagd ein. Die Ersten, die aus dem Haus geholt wurden, waren die Richter, die mit ihrer Unterschrift unsere dreimonatige Haft beendet hatten, ihren Beschluss hatte Erdoğan damals mit »Ich erkenne ihn nicht an, ich respektiere ihn nicht, ich halte mich nicht daran« kommentiert. Auf den Posten eines dieser Richter wurde ein Berater Erdoğans gesetzt.

Am selben Tag wurde beim Berufungsgericht, wo meine Verurteilung zur Revision anstand, eine Operation durchgeführt. Gegen 140 Mitglieder des Gerichts wurden Ermittlungen eingeleitet, elf wurden festgenommen.

Ein Richter aus der Kommission, die mich in dem Prozess zu 5 Jahren und 10 Monaten Haft verurteilt hatte, wurde im Gerichtsgebäude aus seinem Büro heraus verhaftet.
Der Staatsanwalt aber, der den Haftbefehl beantragt und für meinen Prozess die Anklageschrift mit der Forderung auf zweimal lebenslänglich verfasst hatte, wurde zum Generalstaatsanwalt von Istanbul befördert.
Die Strafkammer strengte ein neues Verfahren wegen der Nachricht über den Geheimdienstkonvoi an, wegen der wir bereits verurteilt worden waren, diesmal mit dem Vorwurf »Unterstützung und Beihilfe für die Gülen-Organisation«, und verlangte mit Hinweis auf diesen Prozess von der Polizei, meinen Pass einzuziehen.
Bald darauf wurde der Attentäter, der vor dem Gericht auf mich geschossen hatte, freigelassen.
Stein für Stein wurde der Weg zur Hölle gepflastert. Alle Anzeichen lagen offen zutage:
Nach Exekutive und Legislative hatte Erdoğan nun auch die Judikative vollständig in der Hand. Eine langanhaltende Periode der Repression, in der er bequem über die Gerichte würde bestimmen können, nahm ihren Anfang.
Unter den am ersten Tag Festgenommenen befanden sich 10 000 Angestellte im öffentlichen Dienst, ebenso viele Lehrer, 112 Richter und Staatsanwälte. Auf regierungsnahen Twitterkonten kursierten Listen mit Journalisten, die verhaftet werden sollten.
Das Jahr 2016, das für mich in einer Gefängniszelle begonnen hatte, setzte sich im Sommer mit der Aussicht auf weiteren Pulverdampf, Verurteilungen, neue Prozesse und erneute Verhaftung fort. Es war ein Wendepunkt – nicht nur für die Türkei, sondern auch für meine Familie.

Am Sonntagabend tagte der Familienrat auf Skype. Als ich im Gefängnis saß, sprachen wir bei den Besuchen in der Kabine durch eine schallundurchlässige Glasscheibe voneinander getrennt per Telefon miteinander. Jetzt, in »Freiheit«, sprachen wir wieder hinter einer Scheibe, am Bildschirm, miteinander.

»Was sollen wir tun?«, fragte ich.

Ege sagte: »Unter diesen Umständen ist es extrem gefährlich, wenn du zurückkehrst. Aber höre nicht auf das, was andere sagen, höre auf deine innere Stimme.«

Dilek ließ uns die Schüsse und Rufe zum Totengebet hören, die ringsum erklangen, und sagte: »Unter diesen Umständen wäre es extrem gefährlich, wenn du zurückkommst. Man verübt wieder einen Anschlag auf dich, oder du verschwindest auf Nimmerwiedersehen im Gefängnis. Am besten komme ich zu dir, und wir besprechen, was wir tun sollen.«

Bevor sie kommen konnte, kam es zum zweiten Putsch.

In der Nacht des 20. Juli verhängte Erdoğan den Ausnahmezustand. Nun war sein Wort Gesetz. Er würde Parlament und Justiz ausschalten, den Staat mit Dekreten regieren, Freiheiten aussetzen, Zeitungen schließen, Versammlungen und Demonstrationen verbieten, die Fristen des Polizeigewahrsams verlängern, verhaften lassen, wen er wollte, und eine Kampagne für die Wiedereinführung der Todesstrafe starten. Die Misere des ersten Coups hatte er in den Erfolg des zweiten umgemünzt. Das bedeutete unzweifelhaft einen zivilen Putsch. Die Türkei war dem Militärputsch von der Schippe gesprungen, aber dem Polizeistaat in die Hände gefallen.

Ich quälte mich in Barcelona in einem fünfundvierzig Quadratmeter großen Zimmer am Computer. Jeder Freund, der

anrief, beendete das Gespräch mit: »Komm auf keinen Fall zurück!«
Dennoch wollte ich das Risiko eingehen.
Ich kaufte mein Rückflugticket und wartete mit meiner endgültigen Entscheidung auf Dilek.

5

DIE ENTSCHEIDUNG

– Was machen wir?
– Jetzt in die Türkei zurückzukommen, wäre schwierig. Die würden dich sofort verhaften.
– Ist Exil etwa besser als Gefängnis?
– Wenn du wieder ins Gefängnis kommst, kann es für eine lange Zeit sein. Außerdem ist fraglich, ob du drinnen sicher bist …
– Ist es im Exil nicht auch schwierig? Es wird heißen: »Er hat einfach hingeschmissen und ist abgehauen!«
– Du schmeißt ja nicht hin. In Europa kann deine Stimme viel stärker sein. Du kannst frei deinen Beruf ausüben. Und du bist in Sicherheit.
– Nirgends ist es wirklich sicher. Überall besteht die Gefahr eines Anschlags. Ich muss mir einen relativ ruhigen Ort suchen. Aus vier Städten habe ich Angebote: Stockholm, London, Hamburg und Berlin.
– Am besten wäre, wenn du bei Ege in London sein könntest. Aber da ist es teuer. Und die Briten haben derzeit nur den Brexit im Kopf. In Deutschland ist das Interesse an der Türkei stärker. Aber dort spiegelt sich die Polarisierung der Türkei eins zu eins wider. Wirst du dich da wohlfühlen? Da bin ich mir nicht sicher.

– Am 21. September steht die Verhandlung im neuen Prozess an. Wenn ich dort nicht erscheine, werde ich zur Fahndung ausgeschrieben, die können so weit gehen, mir die Staatsbürgerschaft zu entziehen.

– Am besten beobachtest du eine Weile aus der Ferne, wie sich die Dinge entwickeln, und entscheidest je nachdem.

– Dann gehe ich nach Berlin und miete erst mal eine möblierte Wohnung. Kommst du mit?

– Bis du dich endgültig entschieden hast, komme ich dich oft besuchen.

– Ich vermisse Tarçın[4] sehr.

– Ich bringe ihn mit, aber er darf wohl nicht mit ins Flugzeug. Dann müssten wir mit dem Auto fahren, er ist krank, die Reise wäre extrem anstrengend für ihn, ich weiß nicht …

– Man muss mit der Bank reden. Wenn wir den Kredit nicht abzahlen können, kann es sein, dass sie das Haus pfänden.

– Meinst du, sie beschlagnahmen es?

– Das glaube ich nicht. Sie könnten höchstens eine einstweilige Verfügung erwirken.

– Sollten wir es vielleicht vermieten? Wie kommen wir über die Runden?

– Ich werde auch im Ausland arbeiten und Geld verdienen.

– Und ich suche mir in der Türkei einen Job, wenn nötig.

– Wie sieht es bei Freunden und Bekannten aus?

– Alle sind völlig durcheinander. Das Telefon klingelt nur selten. Ich freue mich, wenn mal jemand anruft. Entweder trauen sie sich nicht, oder sie sagen sich: »Lassen wir sie in Ruhe.« Ich möchte das Zweite glauben. Wir wollten, dass die Regierenden uns vergessen, jetzt haben uns die eigenen Leute vergessen.

– Auch das geht vorüber. Wir wollen nichts übelnehmen, lass uns nicht nachtragend sein.
– Mir geht es gut, denk nicht an mich. Kommt es allzu schlimm, nehmen wir Antidepressiva.

Es war Vollmond, wir gingen an der Küste von La Barceloneta spazieren. Hand in Hand mit uns liefen Kummer und Sorge. Das fröhliche Gelächter der Passanten klang in unseren Ohren wie eine unverständliche Fremdsprache.
Tagtäglich erwachten wir morgens zu neuen Attacken der Erdoğan-freundlichen Medien. In einer Meldung hieß es, ich stellte mittlerweile eine Gefahr für die nationale Sicherheit dar, »Man muss tun, was nötig ist«, stand da. In Fernsehsendungen wurde darüber diskutiert, ob es besser wäre, mich wie einst Abdullah Öcalan[5] herbeizuschaffen und vor Gericht zu stellen oder vom Geheimdienst im Ausland umbringen zu lassen. Freiwillige auf Twitter signalisierten: »Wir sind bereit.«
Unser Land lag unter einer düsteren Wolke, unser Leben war auf einen Schlag in tausend Scherben zersprungen.
Durch den dichten Nebel vor uns war die Zukunft nicht zu sehen.
Wir drei lebten jetzt auf zwei Kontinente und eine Insel verstreut.
Nun begannen die Tage und Monate des Exils.
Vielleicht auch die Jahre.
Womöglich.
Beim Abschied sagte Dilek: »Versuchen wir, das Beste für uns daraus zu machen. In allem steckt immer auch etwas Gutes.«
Wieder einmal zog ich den Hut vor ihrer Courage, ihrer Kraft und Standfestigkeit.

Ob sie, als wir heirateten, wohl ahnte, worauf sie sich einließ? Auf Verurteilung, Gefangenschaft, Attentat, Exil, Trennung …
Sie ist die Tochter von Einwanderern. Ungewissheit beunruhigt sie, sesshafte Ordnung, sich wohnlich einzurichten sind ihr lieber. Und jetzt sollte sie unser Haus, das sie so liebevoll und sorgfältig eingerichtet hatte, aufgeben und ins Ungewisse umziehen? Würde sie glücklich werden können in einem fremden Land, das sie nicht kannte und dessen Sprache sie nicht beherrschte?
Würden wir, wie damals die Exilanten nach dem Putsch vom 12. September 1980, aus der Ferne verfolgen müssen, wie unser Land in Finsternis versank?
Würde es noch schlimmer kommen?

Am Flughafen lächelte sie bekümmert und sagte: »Wer weiß, wann wir uns wiedersehen.« Dann war sie fort.
War ich traurig?
Ja.
Bereute ich?
Nein.
War ich nervös?
Ja.
Aber zumindest hatte meine Unschlüssigkeit ein Ende.
Ich stornierte den Rückflug.
Jetzt war ich im Exil.

6

ABSCHIED

Im August 2016 erschien in der *Berliner Zeitung* ein Interview mit mir.

Auf die Frage nach meinen Plänen hatte ich geantwortet, nicht in die Türkei zurückkehren zu wollen, solange der Ausnahmezustand nicht aufgehoben sei.

Dilek rief als Erste an und beschwerte sich, ich würde tun, was mir gerade einfiel, ohne die Folgen zu bedenken.

»Du hast wieder für Aufruhr gesorgt«, sagte kurz darauf Akın Atalay am Telefon, mein Anwalt und zugleich Herausgeber meiner Zeitung:

»Damit hast du dir nur Schwierigkeiten gemacht, für den Prozess ebenso wie für deine Position bei der Zeitung. Das Gericht kann deine Aussage als Beweis gegen dich verwenden und dich zur Fahndung ausschreiben lassen. Und bei der Zeitung wird schon darüber spekuliert, wer neuer Chefredakteur wird …«

Selbst im Gefängnis hatte ich weiter als Chefredakteur fungiert. Das war unabdingbar gewesen. Nun aber waren die Umstände verändert. Eine Zeitung lässt sich nicht quasi per Fernbedienung leiten. Die neuen Umstände zwangen mich, sosehr es schmerzte, diese honorige Tätigkeit, gewissermaßen die Endstation meiner Berufslaufbahn, aufzugeben.

Ich nahm mein Notebook und setzte die Kündigung auf:

»Was mir in den letzten anderthalb Jahren, seit ich den Posten des Chefredakteurs der *Cumhuriyet* bekleide, widerfuhr, übersteigt alles, was ich in meinem ganzen Leben erlebt habe:
Angriffe, Applaus, Drohungen, zur Zielscheibe gemacht zu werden …
Anklage, Verhaftung, Gefängnis …
Isolation, Gefangenschaft, Attentat …
Beleidigungen, Auszeichnungen, wiederholte Ermittlungen, ein Prozess nach dem anderen …
Rechnungen präsentiert zu bekommen für den Wettlauf zwischen unserem journalistischen Enthusiasmus und der Phase massiver Repressionen …
Den Preis dafür zu bezahlen, mich nicht gebeugt zu haben, worauf ich ebenso stolz bin … (…)
Der Justiz zu vertrauen bedeutet unter den derzeitigen Umständen, den Kopf freiwillig der Guillotine hinzustrecken, deshalb habe ich beschlossen, mich dieser Justiz nicht zu stellen – zumindest für die Dauer des Ausnahmezustands.
Den Kampf gegen das repressive Regime setze ich selbstverständlich mit derselben Entschlossenheit fort.
Seid gewiss, dass ich meine Stimme nur umso stärker erheben werde.
Die Widersacher sollen nicht triumphieren, die Freunde sich nicht grämen.«

Das zu schreiben, schnürte mir die Kehle zu.
Am Gaumen der saure Geschmack von Abschied …
In den Ohren das Knirschen der launig geriebenen Hände der Profiteure …

In der Nase der schwache Geruch von Einsamkeit …
Irgendwo im Kopf eine Stimme: »Du tust das Falsche …«
Mir war, als würde ich nicht aus einer Position, sondern aus einem Stück Erde gerissen.
Nicht unter ein Schreiben setzte ich einen Punkt, sondern unter ein Kapitel meines Lebens.

Als der Text stand, ging ich raus, lief niedergeschlagen zwei Stunden durch die Gegend. Anschließend setzte ich mich in eine spanische Bodega und versuchte nachzudenken.
Das Leben galoppierte in irrsinnigem Tempo, es war schwierig geworden, die Zügel in der Hand zu behalten.
Jede Entscheidung bedeutete zwangsläufig Abschied von etwas anderem.
Innerhalb weniger Wochen war mir zunächst mein Land, dann meine Familie, auch mein Zuhause und schließlich noch mein Job entglitten.
Wie ein vom Baum gerissenes Blatt schwebte ich im Ungewissen. Ungewiss, wohin der Sturm mich treiben würde.
An dem Tag, als Erdoğan sagte, die Regierungsform der Türkei habe sich de facto geändert, packte ich in Barcelona meine Bücher zusammen. Meine Sachen stopfte ich in den Rucksack wie eine Schildkröte, die ihr Haus bei sich trägt.
Nach all den Jahren besaß ich gerade noch so viel, wie in meinen Rucksack und ein paar Koffer passte.
Das löste bei mir aber weniger Wehmut aus, wie sie Exilanten zu eigen ist, als vielmehr das Freiheitsgefühl eines Wanderers.
Jahre zuvor hatte man mich alleingelassen, als ich mein Recht suchte, damals schrieb ich einen Artikel darüber: *Man muss sich an die Einsamkeit gewöhnen.*

Die Verfassung, die ich darin beschrieb, hatte erneut bei mir angeklopft.
Nach langen Jahren war ich zum ersten Mal wieder allein.

7

EINSAMKEIT

Man muss seine Koffer stets gepackt halten.
Muss damit rechnen, dass das Telefon einen ganzen Tag lang gar nicht klingelt.
Muss aufhören, hinter der Gardine nach einem Gast Ausschau zu halten.
Muss darauf vorbereitet sein, verraten, verlassen und allein gelassen zu werden.
Man muss sich an die Einsamkeit gewöhnen.
Denn die Zeit der »Schulter-an-Schulter«-Tage ist vorbei. Solidarität ist nun eine Aktie, die an der Börse von heute auf morgen an Wert verliert. Die persönliche Epoche der Entdeckungen hat brüchige Einsamkeiten zurückgelassen. Es ist nicht die Zeit, Kraft aus Gemeinsamkeit entstehen zu lassen, es ist die Zeit, allein aufrecht zu stehen.
Darum muss man sich an die Einsamkeit gewöhnen.
Muss es wagen, mit vielen Straßenvoll Trostlosigkeit allein zu leben.[6]
Muss auf den Schnee auf Bergen schauen, denen man vertraut, und seine Lehren daraus ziehen.
Muss die Gewohnheit fallenlassen, sich in Nächten, die man mit einem wehmütigen Lied verbringt, nach einer Schulter zum Anlehnen zu sehnen.

Muss sich an einen einzigen Teller auf dem Tisch gewöhnen und an wenig Speise darauf.
Muss aus Romanen Zitate, die Einsamkeit preisen, überall in der ganzen Wohnung sichtbar aufhängen.
Muss jeden Tag beginnen mit den Zeilen: *Einsamkeit kann man nicht teilen / Wird sie geteilt, ist sie keine Einsamkeit mehr.*[7]
Muss den Anrufbeantworter besprechen: »Im Moment ist niemand da, der antworten könnte – vielleicht wird auch nie mehr jemand da sein …«
Muss sich mit dem Schweigen anfreunden, damit, keine Antworten zu erhalten.
Dabei bedeutet Schweigen, dem Unrecht zu applaudieren. Es ist die Würde des »Ich bin im Recht«, die einem Lebenskraft spendet. Die Scham des Schweigens tötet. Deshalb muss man sich in den stillsten Nächten tröstend sagen: »Es war richtig, ich habe es getan.«
Man muss sich daran gewöhnen, dass auf einen Schrei hin kein Nachbar zu Hilfe eilt, daran, vor kalten Mauern still zu weinen. Muss sich mit sich selbst auseinandersetzen.
Muss bereit sein, nachts ins Kissen zu weinen, morgens in den Spiegel zu lachen, Schmerz und Wehmut ebenso wie Lust und Laune mit sich selbst zu teilen.
Muss stark genug sein, um stets aufstehen und gehen zu können, zugleich aber beherzt genug, um bleiben zu können, als würde man kämpfen. Muss Schweigen in Reden verwandeln können.
Und muss jeden Augenblick seinen Rucksack bereithalten.
Muss sich damit anfreunden, unterwegs zu sein.
Man muss sich an die Einsamkeit gewöhnen.

8

DER BRAND

Als ich die Zeitung aufschlug, stieß ich auf folgende Meldung:
»Auf Anordnung des Erziehungsministeriums wurden 900 000 Bücher vernichtet. Grund für die Vernichtung des Arbeitsbuchs Türkisch für die 8. Klasse war, dass darin als Lesetext der Artikel *Man muss sich an die Einsamkeit gewöhnen* von Can Dündar enthalten war …«
Ich konnte es nicht glauben.
Es war also so weit, dass mein Name aus Büchern getilgt wurde.
Nach der Vernichtung von 900 000 Lehrbüchern, in denen mein harmloser Text stand, ließ das Ministerium das Buch ohne meinen Text neu drucken. Das kostete die Steuerzahler umgerechnet 566 000 Euro.
Unwillkürlich fallen einem dabei die öffentlich inszenierten Bücherverbrennungen der Nazis ein. Vor Jahren hatte ich von Erich Kästners Tragödie gelesen:
Als Studenten, begleitet von SS und SA, von Joseph Goebbels aufgehetzt auf dem Berliner Opernplatz Bücher verbrannten, stand auch Kästner in der Zuschauermenge. Unter den verbrannten Büchern befand sich auch eines von ihm.
Ich wohnte der Zeremonie, in der das Buch mit meinem

Text vernichtet wurde, nicht bei. Doch selbst von Europa aus vernahm ich den Geruch verbrannten Papiers. Dieser Geruch hatte sich einst auf Plätzen in Deutschland, Italien und Spanien festgesetzt. Es dauerte Jahrzehnte, bis er beseitigt war. Wann und wie würde der Schmutz unserer Asche bereinigt werden?

Heinrich Heine schrieb: »Dort wo man Bücher verbrennt, verbrennt man auch am Ende Menschen.« Das war 1821. In der Türkei waren Menschen schon vor den Büchern verbrannt worden: Im Sommer 1993 forderte in Sivas ein Mob die Scharia und setzte ein Hotel in Brand, in dem Schriftsteller und Intellektuelle tagten. So ermordeten sie dreiunddreißig Menschen.

Laut Bericht des türkischen Verlegerverbands wurden 2016 dreißig Verlage geschlossen mit der Begründung, sie stellten eine Bedrohung für die nationale Sicherheit dar, Hunderttausende Bücher wurden konfisziert. Tausende Menschen wurden verhaftet, weil sie angeblich Bücher besaßen, die Mitglieder von Terrororganisationen geschrieben hatten. Unter den in den Anklageschriften genannten »Organisationsmitgliedern« befanden sich auch Camus, Althusser und Spinoza.

Als Autoren und einzig mit Stift und Buch kämpfen wir gegen eine Geisteshaltung, die Büchern, Stiften und Schriftstellern gegenüber feindlich gesinnt ist.

Um die Entlassung von Wissenschaftlern zu rechtfertigen, die einen Friedensappell unterzeichnet hatten, sagte der Vizerektor einer Universität: »Den Fortbestand der Türkei sichert das ungebildete, unwissende Volk.«

Sogar Universitäten werden von Personen geleitet, die auf Unwissen und Dummheit setzen.

In einem Land, dessen Staatspräsident verkündet: »Manche Bücher sind effektiver als Bomben«, verwundert das nicht. Verwunderlich allerdings war, dass das Schweigen, von dem in meinem verbotenen Text die Rede ist, auch anhielt, als der Text verboten wurde.
Wieder einmal ist es also Zeit, sich an die Einsamkeit zu gewöhnen.
Wieder ist es Zeit, den Rucksack zu schultern.
Um für Freiheit in meinem Land zu kämpfen, wo Bücher verbrannt werden, gehe ich jetzt in das Land, in dem früher einmal Bücher verbrannt wurden.
Um Hoffnung für die Zukunft zu rekrutieren.

Als der Lufthansa-Flug von 16:55 Uhr aus Barcelona am 1. September zur Landung in Berlin ansetzte, betrachtete ich die Stadt mit anderen Augen. Dort würde ich nun eine Zeitlang leben.
Vorerst war es eine Zwangsehe, ungewiss, wie lange sie halten würde. Doch wenn wir uns mit der Zeit besser kennenlernten, würden wir uns vielleicht aneinander gewöhnen, uns gar lieben lernen.
Ich dachte an Exilierte, über die ich Dokumentarfilme gedreht hatte:
Zum Beispiel Nâzım Hikmet. Als dem großen türkischen Dichter klar wurde, dass ihm nach dreizehn Jahren Gefängnis in der Türkei erneut Inhaftierung drohte, war er nach Moskau geflüchtet, dort starb er dreizehn Jahre später, ohne seine geliebte Heimat wiedergesehen zu haben, dort liegt er begraben.
Zum Beispiel Yılmaz Güney. Der große Filmemacher der Türkei war nach sieben Jahren Haft nach Paris geflüchtet,

dort starb er drei Jahre später, ohne seine geliebte Heimat wiedergesehen zu haben, dort ist er begraben.
Zum Beispiel Ahmet Kaya. Der große Sänger der Türkei war wegen Morddrohungen nach Paris emigriert, dort starb er anderthalb Jahre später, ohne seine geliebte Heimat wiedergesehen zu haben, dort ist er begraben.
Im türkischen Wörterbuch steht ein kummervoller Satz für jene, die in die Fremde gehen:
»Das Schicksal hält auch bereit, fortzugehen und nicht heimzukehren, heimzukehren und sich nicht wiederzusehen.«
Würde es so kommen?
In einem meiner beiden Koffer steckten die Notizen zu meinem neuen Buch, seit Monaten reisten sie mit mir von Land zu Land; leicht vergilbt von den Strapazen dieses Abenteuers warteten sie darauf, ins Reine geschrieben und sesshaft zu werden.
Genau wie ich.

9

DIE CHANCE

Am Flughafen wusste ich nicht, ob mein türkischer Pass noch gültig war. Ich kam mir wie ein Illegaler vor. So unruhig wie gespannt wartete ich am Schalter, doch niemand fragte nach meinem Pass.

In Berlin hatte ich mich bereits ein paarmal beruflich kurz aufgehalten, doch ich kannte mich nicht aus, beherrschte die Sprache nicht. Es war zu kühl für Anfang September, die Stadt fror, lächelte mich aber warm an und empfing mich mit ausgebreiteten Armen, mit all seinen Möglichkeiten.

Jede Krise birgt auch eine neue Chance, heißt es. So war es auch bei meiner »Krise«.

Es war, als hätte der Krach der im Sturm zufallenden Türen andere geöffnet. Und zwar auf einen Schlag. Und eine nach der anderen.

Noch in der Woche, als ich als Chefredakteur aus meiner Zeitung ausschied, traf ich eine Vereinbarung mit der *ZEIT*.

In derselben Woche bot das deutsche PEN-Zentrum mir das Stipendium »Writers in Exile« an.

Kurz darauf übermittelte mir Reporter ohne Grenzen die frohe Botschaft, das renommierte deutsche Recherchezentrum Correctiv sei daran interessiert, mit mir gemeinsam

eine an die türkische Öffentlichkeit gerichtete journalistische Informationsplattform aufzubauen.
Wenig später informierte mich mein Verleger in Deutschland, dass die Übersetzung meines Buches *Lebenslang für die Wahrheit* im Druck sei.
Es war kaum zu glauben. In den schwarzen Wolken hatten sich innerhalb weniger Tage Lücken aufgetan, und überall strahlte Licht hindurch.
Am Tag meiner Ankunft setzte ich mich mit den Machern von Correctiv zusammen. Dort lernte ich David Schraven kennen, der bald mein Weggefährte werden sollte. Wir beschlossen, uns gemeinsam für freie Medien zu engagieren. Wir würden in den Räumen von Correctiv ein Publikationsorgan gründen und die in der Türkei unterdrückte Wahrheit laut von Deutschland aus verkünden. In derselben Woche, in der ich meinen Posten bei der *Cumhuriyet* niederlegte, wurde ich Chefredakteur einer gänzlich neuen Formation in Deutschland.

Can Dündar zeigt die deutsche Ausgabe seines Buches *Lebenslang für die Wahrheit* über Skype seiner Frau Dilek.

Schon am nächsten Tag erschien in der *ZEIT* die Übersetzung meiner ersten Kolumne. Ich kaufte die Zeitung und berührte sacht die Wörter, die ich nicht verstand. Zum ersten Mal war ich in der Situation, einen Text, den ich selbst geschrieben hatte, nicht lesen zu können. Dafür war ich in die Europa-Liga aufgestiegen, nun konnte ich mein Wort in einer anderen Sprache in einem anderen Land zu Gehör bringen.
Im Internet schaute ich nach Wohnungen. Bei der ersten, die mir passend schien, vereinbarte ich einen Besichtigungstermin. Ein Altbau mit hohen Decken, nach hinten hinaus Seelenfrieden spendendes Grün. In der Hoffnung, sie könnte mir helfen, das Vertrauen der Vermieter zu gewinnen, hatte ich die am selben Tag erschienene *ZEIT* dabei. Ich hatte Glück, das deutsche Ärztepaar, dem die Wohnung gehörte, verfolgte interessiert das Geschehen in der Türkei und wusste daher um unseren Kampf. Es war die erste Wohnung, die ich besichtigte, und ich war der erste Interessent. Zwanzig Minuten später schüttelte ich dem sympathischen Paar zur Besiegelung des Mietvertrags die Hände.
»Meine Frau wird mich hin und wieder besuchen. Wir haben einen Hund. Darf der hier bei mir wohnen?«, fragte ich, bevor ich ging.
»Natürlich!«, sagten sie.
Ich war überglücklich.
Innerhalb von fünf Tagen hatte ich eine Zeitung, ein Stipendium, eine Redaktion, eine Arbeit und eine Wohnung gefunden. Damit hatte ich ein geregeltes Einkommen, ein schönes Zuhause, ein behagliches Büro, eine Kolumne, in der ich meine Gedanken zum Ausdruck bringen, und eine Arbeit, mit der ich mein Engagement fortsetzen konnte.
Und ein neues Land, ich dem ich leben würde.

Wie lange?
Das war völlig ungewiss.
Doch in Berlin hatte ich einen Hafen gefunden, in dem ich auf der Flucht vor der großen Flut vorerst unterkam.

10

DEUTSCHLAND

In der Türkei gibt es in beinahe jeder Familie eine Geschichte von Migration nach Deutschland. Entweder ist ein Angehöriger »in die Fremde« gegangen, oder ein Nachbar hat es versucht. Oder jemand aus dem Viertel ist nach »Almanya« emigriert und eines Tages mit einem Hut mit Feder und einer blonden »Schwägerin« aufgetaucht. Unbedingt hat jeder das Klagelied *Almanya acı vatan,* Deutschland bitteres Vaterland, gehört, interpretiert von Ruhi Su oder Selda:

Deutschland, bitteres Vaterland / Lächelt keinem Menschen zu
Ich weiß nicht warum / Manche kehren nicht heim.

Du gingst nach Deutschland / Hast dort geheiratet
Sieben ganze Jahre schon / Bist du nicht heimgekommen.

Du schickst ein wenig Geld / Was soll das Geld denn nützen
Deine Familie mit fünf Kindern / Vermisst dich sehr.

Für mich war Deutschland die Postkarten, die mein Onkel Aydın von weit her schickte. Karten mit Golddruck, auf denen stramme deutsche Kinder fröhlich lächelten. Damit der funkelnde Golddruck nicht abblätterte, bewahrte ich die Karten in einem besonderen Karton auf. Ich habe ihn noch heute, mit den Karten darin. Nie werde ich den Kugelschreiber vergessen, den mein Onkel bei seiner Heimkehr mitbrachte. Im Schaft schwamm in einer Flüssigkeit ein kleines Fährschiff. Senkte man den Stift auf das Papier, fuhr das Schiff vorwärts, hob man ihn, kehrte es in den Hafen zurück. Tagelang ließ ich die Fähre viele Male vor und zurück schwimmen, es war das Schiff für meine Reise in unbekannte ferne Länder. Mein Dampfer der Träume.

Und Deutschland?

Das im Kuli schwimmende Fährschiff, das von einer vergoldeten Karte lächelnde stramme Kind, die Blondine, die glückliche Familien zerstörte – das war Deutschland.

In unserer Pubertät kreischten die Blondinen dann im Bett. Es war die Zeit des Niedergangs des türkischen Films, Pornos überschwemmten den Markt. Der Reihe nach machten Kinos dicht, um sich halten zu können, zeigten viele Kinos erotische Filme »drei auf einmal«. Die waren eigentlich verboten, wurden aber geduldet. Die Jugend sollte lieber im Kino die Augen auf die Leinwand richten und sich dabei tätscheln, statt auf die Straße zu gehen und zu protestieren.

In den Achtzigern kamen die VHS-Videos, und die Blondinen zogen von der Leinwand auf die Bildschirme in den Wohnzimmern um. Türkische Pornodarstellerinnen fanden noch nicht den Mut, also wurden Pornos aus Deutschland importiert und flink kopiert, erst hielten sie Einzug in die Zimmer der Pubertierenden, dann in ihre Träume. So war das erste deutsche Wort, das die Jugendlichen meiner Generation lernten, ein gestöhntes »Ahh, wundebaaa …«.

Dank Personen wie Gerd Müller oder Franz Beckenbauer fanden wir glücklicherweise auch deutsche Männer, die wir bewundern konnten.
Später entdeckten wir dann Thomas Mann, Friedrich Hegel, Rosa Luxemburg, Friedrich Nietzsche, Jürgen Habermas, Günter Grass, Hermann Hesse, Theodor Adorno.
Vor allem aber Karl Marx und Friedrich Engels.
Diese beiden standen ganz oben auf unserer Lektüreliste, als wir studierten. *Das Kapital*, mies übersetzt und schlecht gedruckt, war ein schwerer Brocken, doch wir schluckten ihn mit Appetit.
Als wir dann *Die Blechtrommel* schauten, hörten wir auch von der Leinwand andere Schreie. Es war die Zeit, da wir Parolen brüllten, um die gleichgültigen Massen wachzurütteln. Die türkischen Straßen quollen über von Nazi-Imitaten. Sie wurden in Camps ausgebildet und glaubten an die Überlegenheit der türkischen Rasse. Sie hatten geschworen, die Kommunisten zu vernichten. Sie hatten ihre eigenen Märsche, Schnurrbärte, ihren eigenen Gruß und ihren »Führer«. Das Geräusch ihrer marschierenden Schritte mutierte zu Schüssen. Freunde von uns kamen ums Leben.
Gegen den »aufhaltsamen Aufstieg des Arturo Ui« wehrten wir uns in der Mensa mit Brecht-Gedichten und lasen einander Passagen aus Wilhelm Reichs *Rede an den kleinen Mann* vor. Die »kleinen Männer« waren um uns. Sie begehrten nicht auf gegen die Unterdrückung, gegen die nahende Katastrophe. Sie beugten sich dem Tyrannen, der sie unterdrückte, ja beklatschten ihn sogar wie wahnsinnig und priesen ihn. Sie träumten davon, eines Tages zu sein wie er. Jene, die sagten: »Knick nicht ein, lehne dich auf!«, erklärten sie zum Feind und bewarfen die »Verräter« mit Steinen.

Es waren solche Leute, die den Nazis den Weg zur Macht geebnet hatten.
Auch dem Militärputsch von 1980 in der Türkei bereiteten sie den Weg. Die Schriften von Marx und Engels wurden verboten. Wer sie dennoch las, wurde eingelocht, gefoltert, an den Galgen gebracht. Die türkische Linke erlitt einen herben Schlag. Im Kampf gegen den Kommunismus setzte der Staat auf religiöse Bildung und bahnte dem politischen Islam den Weg.
Erdoğan ist die Frucht der damals ausgebrachten Saat.

Als er im Ärger die Deutschen als Nazis titulierte, applaudierten ihm seine Anhänger begeistert, hoben ihn in den Himmel. Vielleicht träumten die Leute insgeheim davon, eines Tages so zu sein wie er.
Wir dagegen sagten: »Beuge dich den Unterdrückern nicht, wehr dich!« In ihren Augen waren wir der »Feind«, der »Verräter«. Wir schrieben gefährliche Dinge, uns musste man ausschließen, mit Steinen nach uns werfen, auf uns schießen.
Am Ende hatte der Kugelschreiber, mit dem ich Protestaufrufe geschrieben hatte, mich in sein Fährschiff gesetzt und in das Land der von vergoldeten Postkarten lächelnden strammen Kinder gebracht.
Jetzt war es an uns, das Land, in dem wir geboren waren, aus den Händen der »kleinen Männer« zu retten und unsere Fähre sicher in den Hafen zu steuern.

11

WIEDERHOLUNG

Am 17. September 1933 schrieb Albert Einstein einen Brief an Mustafa Kemal Atatürk.
Er bat »Seine Exzellenz« zu gestatten, dass vierzig Professoren und Doktoren aus Deutschland ihre wissenschaftliche und medizinische Tätigkeit in der Türkei fortsetzen durften.
Bei den Wahlen ein halbes Jahr zuvor hatten die Nationalsozialisten beinahe 45 Prozent der Stimmen erhalten, anschließend oppositionelle Abgeordnete verhaften lassen und begonnen, das Land mit Dekreten zu regieren. Eines ihrer ersten Ziele waren die Universitäten. Wissenschaftler, die gegen die Nazis waren, wurden von den Hochschulen entfernt. Die meisten suchten außerhalb Deutschlands Zuflucht. Die Türen in Europa waren verschlossen, Amerika war weit. Es wurde ein Verband gegründet, um ihnen zu helfen.[8]
In seinem Brief an Atatürk erklärte der berühmte Physiker, die vierzig Wissenschaftler seien vom Verband aus einer Vielzahl von Bewerbern ausgewählt worden und seien bereit, »ein Jahr ohne jede Vergütung« in der Türkei tätig zu werden. Er erinnerte daran, dass es sich hierbei um einen Akt großer Humanität handeln würde, von dem die Türkei außerdem profitieren könnte.
Was ja auch stimmte.

Die Republik, die gerade seit zehn Jahren bestand, brauchte Menschen, die fähig waren, die von den Osmanen übernommenen Institutionen zu modernisieren. Die Regierung hatte Anfang 1932 Albert Malche von der Universität Genf eingeladen, einen Bericht für die angestrebte Universitätsreform zu erstellen. Aufgrund dessen waren bei der Gründung der Universität Istanbul zweiundvierzig deutsche Akademiker berufen worden. 1933 war diese Zahl bereits auf dreihundert angestiegen.
Eduard Hirsch etwa verfasste das achthundertseitige türkische Rechtswörterbuch und bereitete zugleich die Gründung der Freien Universität Berlin vor.
Der SPD-Abgeordnete Ernst Reuter war als Berater im Finanzministerium tätig und unterrichtete Stadtplanung an der Politischen Fakultät der Universität Ankara.
Der Komponist Neuer Musik Paul Hindemith gründete das staatliche Konservatorium in Ankara.
Der Intendant der Berliner Deutschen Oper, Carl Ebert, kam aus Argentinien, wohin er sich zunächst geflüchtet hatte, nach Ankara und legte den Grundstein für das türkische Staatstheater und die Staatliche Oper.
Ernst Praetorius, Generalmusikdirektor des Deutschen Nationaltheaters Weimar, dirigierte nun das Philharmonische Orchester des türkischen Staatspräsidenten.
Der Musikpädagoge Eduard Zuckmayer führte modernen Musikunterricht an türkischen Schulen ein und adaptierte deutsche Lieder für die türkische Sprache.
Clemens Holzmeister, Architekturprofessor an der Wiener Akademie der bildenden Künste und Präsident des Österreichischen Werkbunds, entwarf unter anderem die Stadtvilla Atatürks in Çankaya und das Parlamentsgebäude.
Der Pädiater Albert Eckstein leitete die Kinderklinik am

Numune-Krankenhaus Ankara und zog gemeinsam mit einunddreißig deutschen Ärzten durch die Dörfer Anatoliens und brachte den Kindern dort Heilung.
Diese Menschen, die vor Hitlers Repressionsregime geflüchtet waren, leisteten dank Atatürks Vision einen ungeheuren Beitrag für den Aufbau der jungen, auf westliche Werte gründenden Republik.
Sie konnten, unbehelligt von der nationalsozialistischen Anschuldigung, Vaterlandsverräter zu sein, ihre Berufe weiter ausüben und zugleich gemeinsam mit anderen Exilierten darangehen, eine Zukunft für Deutschland zu entwerfen.
Ihre Zahl stieg stetig weiter und erreichte schließlich etwa eintausend. Als sie nach dem Krieg in ihr Land zurückkehrten, bauten sie Deutschland neu auf.
Ernst Reuter etwa, der 1946 zurückkehrte, wurde Oberbürgermeister von West-Berlin und prägte die deutsche Geschichte in unvergesslicher Weise.
Eduard Hirsch wurde Rektor der Freien Universität Berlin.
Manche, wie etwa Eduard Zuckmayer, fanden dagegen in der Türkei ihre letzte Ruhestätte.

Als ich nach Berlin kam, dachte ich, dass ich das Schicksal dieser Menschen, derer wir voller Bewunderung und Dankbarkeit gedenken, nun umgekehrt erlebte. Das Regime, vor dem sie achtzig Jahre zuvor geflüchtet waren, verdeckte nun den Himmel über der Türkei. Eine Partei, die bei den Wahlen 45 Prozent bekommen hatte, ließ oppositionelle Abgeordnete verhaften und hatte begonnen, das Land mit Dekreten zu regieren. Eines ihrer ersten Ziele waren die Universitäten. Regierungskritische Wissenschaftler wurden von den Hochschulen entfernt.

Nun war Deutschland an der Reihe, den von diesem Regime Bedrohten die Arme zu öffnen.
Und an uns war es, unbehelligt von der Anschuldigung, Landesverräter zu sein, unser Engagement fortzuführen und den Faschismus zu besiegen …

12

VERRÄTER

Kaum hatte ich meine neue Wohnung bezogen, kam die Nachricht von einem neuen Prozess:

Wegen Beleidigung eines Richters wurden 2 Jahre und 4 Monate Haft für mich gefordert.

Es ging um Folgendes:

Mit der Eröffnung unzähliger Verfahren und der Verhaftung der Mitarbeiter hatte die Regierung versucht, die Zeitung *Özgür Gündem*[9] zu verbieten. Eine Solidaritätsaktion war ins Leben gerufen worden: »Bereitschaftsdienst als Chefredakteur«. Jeden Tag übernahm ein anderer Journalist symbolisch den Platz des Chefredakteurs, machte sich damit zum »Mittäter« und trat so für die Pressefreiheit ein. Die Mainstream-Medien standen der Aktion aufgrund des radikalen Inhalts der Zeitung distanziert gegenüber. Ich dagegen bin überzeugt davon, dass wir inhaltsunabhängig grundsätzlich für jeden die Pressefreiheit verteidigen müssen. Also besuchte ich die Zeitung und nahm für eine Stunde an der Redaktionssitzung teil. Dieser einmalige Akt wurde als Ausübung der Funktion des Chefredakteurs gewertet. Nun sollte ich angeklagt werden wegen einer Meldung in der Zeitung, für die ich somit verantwortlich war.

Am selben Tag kam die Nachricht, gegen Enis Berberoğlu sei

ein Verfahren eingeleitet worden. Der ehemalige Journalist war Vizevorsitzender der oppositionellen Sozialdemokratischen Volkspartei CHP und dort unter anderem für die Pressearbeit zuständig. Daher stand er täglich mit etlichen Zeitungsredaktionen in Kontakt. In dem Buch, das ich nach meiner Verhaftung wegen der Berichterstattung über den Geheimdienstkonvoi im Gefängnis geschrieben hatte, gab ich an, die Videoaufnahmen zu diesem Fall nicht aus der Gülen-Bewegung, sondern von »einem linksgerichteten Abgeordneten« erhalten zu haben. Kaum war das Buch erschienen, wertete die Polizei meine Telefonverbindungen aus, glich sie mit den Einträgen der Datenerfassung ab und stellte fest, dass am Tag vor Erscheinen unseres Berichts Berberoğlus Telefon in der Nähe der Redaktion gefunkt hatte. Obwohl sich herausstellte, dass ich an jenem Tag mit fünf verschiedenen Abgeordneten telefoniert hatte, geriet unser einundzwanzigsekündiges Gespräch in Verdacht, und nun wurde er des »Verrats militärischer Staatsgeheimnisse« angeklagt, ohne dass irgendein Beweis dafür vorlag. Dreißig Jahre Haft wurden für ihn gefordert. Wir würden also gemeinsam vor Gericht stehen.
Es war, als hätte die türkische Justiz mir an dem Tag, da ich in Berlin ankam, eine Botschaft hinterhergeschickt: »Es ist noch nicht vorbei.«
Ich ignorierte die Mahnung von Freunden, unterwegs in Berlin auf der Hut zu sein, und traf am Mittag desselben Tages eine Abgeordnete der Grünen-Fraktion im Europaparlament. Wir saßen draußen vorm Café Einstein in der Nähe des Bundestags beim Essen, als ich auf Twitter plötzlich ein Foto von mir entdeckte, an Ort und Stelle geschossen.
Wir türkischen Journalisten sind daran gewöhnt, dass unser Telefon abgehört und auch dazu genutzt wird, uns zu orten.

Auf Twitter taucht ein Foto von Can Dündar vor dem Café Einstein auf.

Unser Handy ist kein guter Geheimnisbewahrer. Was ich wann mit wem spreche, übermittelt es an die Zuständigen und informiert sie auch darüber, wo ich mich aufhalte. Wie ein Spion, der für den Staat tätig ist statt für seinen Besitzer. Manchmal versagt die Technik, und das Handy spult den soeben aufgezeichneten Mitschnitt ab. Dann hörst du das gerade geführte Gespräch noch einmal von vorn. Du beschwerst sich über diese technische Störung beim Geheimdienst, manchmal unterhältst du dich auch mit den Beamten, die dich belauschen.
Da ich um all das wusste, wollte ich mir in Berlin ein neues Telefon besorgen, um mich dem Einflussbereich des türkischen Staates ein wenig zu entziehen. So holte ich mir denn auf einem belebten Platz in der Stadt ein neues Telefon. Um mich mit ihm vertraut zu machen, setzte ich mich in einen Park. Da rief jemand auf Türkisch:
»Landesverräter!«
So brüllte mir ein Mann von weitem zu und machte sich aus dem Staub.
Auch das war eine Art Willkommensgruß. Der Titel, den ich

Ebenfalls auf Twitter wird ein Foto von Can Dündar auf einer Parkbank verbreitet.

in der Türkei in Begleitung von Schüssen gehört hatte, klang mir auch in Deutschland nach.
Nicht die Geheimdienstler, die illegal Waffen transportierten, waren Landesverräter.
Auch nicht die Regierungsmitglieder, die das Volk mit der Lüge, jene Waffen seien gar nicht auf den Lastwagen gewesen, an der Nase herumführten.
Ebenso wenig die Sicherheitskräfte, die den Waffentransport gestoppt und damit die Operation vereitelt hatten.
Auch jene, die mit diesen Waffen Massaker begehen, gelten nicht als Verräter.
Aber der Journalist, der darüber berichtet, der eine internationale Straftat, eine ungeheure Lüge aufdeckt, der soll ein Verräter sein?
Wir gelten als Feinde des Vaterlands, jene aber lieben das Vaterland.
Ob das Vaterland sie wohl zurückliebt?
Binnen kürzester Frist schrieben die regierungsnahen türkischen Zeitungen, ich betätigte mich in Berlin weiter als Verräter.

Dem Mann, der mir das Wort zugerufen und sich davongemacht hatte, schickte ich leise das Gedicht *Vaterlandsverräter* hinterher, das Nâzım Hikmet, dem nach der Flucht aus seinem Land Vaterlandsverrat vorgeworfen worden war, vor 66 Jahren geschrieben hatte:

Jawohl, ich bin ein Landesverräter, falls ihr Patrioten seid, das Vaterland liebt, bin ich ein Fahnenflüchtiger, ein Landesverräter.
Wenn das Land euer Grund und Boden ist,
wenn das Land das ist, was ihr in euren Kassen und Scheckheften aufbewahrt, (…)
wenn das Land die Fingernägel eurer Großgrundbesitzer sind,
wenn das Land das Einführungsbuch in den Islam ist, der Polizeiknüppel,
wenn das Land euer Geheimfonds, euer Gehalt ist, (…)
wenn das Land bedeutet, dass man sich von eurer stinkenden Finsternis nicht befreit, ja, dann bin ich ein Landesverräter.
Dann schreibt in pechschwarzen schreienden Lettern:
Nâzım Hikmet setzt den Landesverrat noch immer fort.[10]

13

DER PASS

Mein dritter Tag in Berlin.

Der dritte September.

Aufgeregt hatte ich alles vorbereitet und wollte gleich zum Flughafen fahren, um Dilek abzuholen. Sie würde meine Wohnung in Berlin sehen und mir beim Einrichten helfen. Wir würden die Sehnsucht stillen, anschließend würde sie dann wieder heimkehren. Für Tarçın dauerte die Impfprozedur drei Monate, bevor er auch zu Besuch kommen konnte. Unser Anwalt Akın Atalay begleitete Dilek zum Flughafen in Istanbul. Ich wartete auf seine Nachricht: »Sie sitzt im Flieger!« Gerade wollte ich los, da rief er an:

– Warte nicht auf sie. Bei der Kontrolle wurde ihr Pass eingezogen.

– Warum?

– Sie haben nur gesagt: »Ihr Pass ist als verloren registriert.«

– Aber hatte sie den nicht in der Hand?

– Doch, aber im Computer war er als »verloren« markiert. Wir fahren jetzt zur Polizei, keine Panik.

Ich verstand.

Sie hatten meine Frau als Geisel genommen. Sie würden sie nicht ausreisen lassen.

Recht und Gesetz, der Grundsatz, dass Schuld individuell

ist, Gerechtigkeit, Gewissen – um all das gaben sie keinen Deut. Wie im Stammesrecht, das einst vor dem Bürgerrecht galt, hielt der Staat sie als Pfand gegen mich in der Hand und wollte über sie mich bestrafen.

Kurz darauf rief Dilek an.

Sie war auf der Polizeiwache am Flughafen, dort musste sie in einem Nebenraum warten. Nach einigem Telefonverkehr bekam sie dann die Auskunft: »Wir ziehen Ihren Pass ein, den Grund dafür erfahren Sie auf dem Polizeipräsidium Istanbul.«

Akın fragte dort nach und erhielt die Auskunft:

»Aus Gründen der nationalen Sicherheit darf sie das Land nicht verlassen.«

Sollte man darüber lachen oder weinen?

Dass eine Frau zu ihrem Mann reist, dass eine Familie zusammengeführt wurde, stellte eine Bedrohung der nationalen Sicherheit dar! Was für ein Zeichen von Schwäche für ein Land, wie ungeheuer anfällig seine Sicherheit war!

Angenommen, ich hatte mit der Aufdeckung eines schmutzigen Geheimnisses tatsächlich eine ernstliche Straftat begangen, so hatte sich meine Frau doch überhaupt nichts zuschulden kommen lassen. Es gab weder einen Prozess gegen sie noch auch nur Ermittlungen. Ihr einziges »Verbrechen« bestand darin, mit mir verheiratet zu sein. Der Beschluss entbehrte jeder gesetzlichen Grundlage. Dass der Pass, den sie eigenhändig vorlegte, »verloren« sein sollte, war ein Witz für sich.

In Zeiten von Militärputschen holen Folterknechte Angehörige des Geschundenen zum Verhör und drohen damit, ihnen etwas anzutun. Erdoğan hatte offenbar erfahren, wie ätzend effektiv diese Methode war. Persönlicher Hass hatte

ihn dermaßen in Rage versetzt, dass er selbst universales Recht mit Füßen trat. Diesmal hatte er meine Familie aufs Korn genommen.
Eine Dimension seiner »Politik der Geiselnahme« war natürlich auch die Zensur. Hält die Regierung einen Angehörigen als Geisel in der Hand, wird davon ausgegangen, dass du bei dem, was du sagst und schreibst, vorsichtiger bist und deine Worte mit Bedacht wählst. So wird praktisch über die Familien versucht, Gegner zum Schweigen zu bringen. Eine schmutzige Taktik, die in unserem Fall nicht aufgehen sollte.
Um »der nationalen Sicherheit ihres Landes nicht zu schaden«, kehrte Dilek geknickt nach Hause zurück. An diesem Tag wurde uns wohl beiden klar, dass die Trennung länger dauern würde, als wir gedacht hatten. Doch wir waren beide außerstande, das auszusprechen.
Sie rief an, als sie wieder zu Hause war, halb lachend, halb weinend sagte sie: »Nun war alles umsonst. Als Tarçın damals krank war, weinte ich, weil ich mich für eine Weile von ihm trennen musste, damals leckte er mir die Tränen ab.«
Sie war nun im eigenen Land eine Gefangene auf freiem Fuß.
Und wenn sie illegal ausreiste?
Das war gefährlich. Zudem würde sie als Unbescholtene sich schuldig machen. Sie würde nicht wieder in die Türkei zurückkehren können. Würde ihre über achtzigjährigen Eltern nicht wiedersehen. Möglicherweise würde man unser Haus beschlagnahmen. Vielleicht würde man ihr die Staatsangehörigkeit entziehen. Sie würde im Exil leiden.
Sicher würde man auch Ege, falls er in die Türkei fahren sollte, nicht wieder herauslassen.
Wir waren getrennt voneinander.

Dilek in Istanbul, Ege in London, ich in Berlin.
Wir konnten einander nicht mehr besuchen. Auch das war der Preis dafür, eine Straftat enthüllt und gegen einen Tyrannen aufbegehrt zu haben. Die Rechnung zahlte die ganze Familie.
Unsere Anwälte legten einmal mehr Widerspruch ein, wobei klar war, dass nichts dabei herauskommen würde. Und sie warnten: »Das wird langwierig, stellt euch darauf ein.«
Erdoğan hatte die offiziellen Spielregeln geändert, alle Rechtswege versperrt und stattdessen eine Tyrannei installiert. Wir waren jetzt in der Epoche des Kräftemessens. Gewinnen konnten wir nur, wenn wir ebenso stark waren wie er. Und das zu Beginn des 21. Jahrhunderts.

Abends fanden wir dann wieder auf Skype zusammen. Ege sagte: »Sie haben uns drei unwiderruflich getrennt.«
Mir krampfte sich das Herz zusammen.
Doch was auch immer geschehen würde, wir waren entschlossen: Wir würden nicht schweigen.
Nun gesellte sich zum Exil noch eine Phase der Sehnsucht von ungewisser Dauer hinzu.
Eine Sturmflut hatte alles hinweggefegt, in der Türkei gab es nur noch drei Arten von Menschen:
The good, the bad and the ugly.[11]
Aufgezählt in der Reihenfolge ihres Vorkommens, die wenigen zuerst.

14

EXIL

»Ich bin ein Berliner.«

Diesen historischen Satz kann auch ich jetzt sagen.

Berlin ist eine schöne Stadt.

Doch wie eine Braut, die sich ziert, zeigt sie dir ihre Schönheit nicht, bevor du nicht unterschrieben hast, fortan mit ihr leben zu wollen. Und diese Unterschrift ist gar nicht so einfach zu leisten. Erst recht nicht für Menschen wie mich, die alles zurückgelassen haben, als sie herkamen, uns erwartet eine quälende Zeit. Sämtliche Papiere deines Lebens musst du aufs Neue besorgen:

Anmeldebescheinigung.

Reisedokument.

Krankenversicherung.

Mietvertrag.

Arbeitserlaubnis.

Personalausweis.

Steuernummer.

Presseausweis.

Führungszeugnis.

Bankkonto.

Führerschein.

Erste-Hilfe-Kurs für den Führerschein.

Augenuntersuchung.
Fahrprüfung.
Parkschein für das Auto.
Ständig muss Google Translate geöffnet sein, um rasch nachschauen zu können, wie das, was man im Supermarkt sucht, auf Deutsch heißt.
Du musst dringend Deutsch lernen.
Wie ein Unfallopfer, das sein Gedächtnis verloren hat, musst du also alles noch einmal ganz von vorn anfangen.
Während du all das zusammenträgst und dich dabei der Kummer drückt, fern der Heimat zu sein, musst du dich ans Leben klammern, arbeiten und Geld verdienen.
Das erste Problem ist das Wetter.
Kommt man wie ich aus einem Land am Mittelmeer, ist der Mangel an Sonne schlimmer als Geldmangel. Bist du in Istanbul abgebrannt, gehst du ans Meer, schnupperst nach dem Jodgeruch und hältst dein Gesicht in die Sonne. Die Sonne küsst dir die Augen, du verspeist einen Sesamkringel, schenkst die Hälfte den Möwen, bist glücklich und kehrst heim.
Was aber, wenn du kein Geld hast und obendrein Meer, Sonne, Sesamkringel und Möwen fehlen?
Wenn der Sommer kommt, aber nicht die Sonne?
Wenn grauer Regen unablässig an die Scheiben klopft, wie um zu sagen: »Deine sonnigen Tage sind zu Ende«?
Sich daran zu gewöhnen, ist nicht leicht.
Es ist auch nicht allein das verdrießliche Wetter, an das du dich gewöhnen musst.
Es sind auch die anderen Verhaltensweisen, verschiedenen Auffassungen, kulturellen Unterschiede.
Wasser aus dem Wasserhahn zu trinken, ist beispielsweise neu.

Radwege sind neu.
Mülltrennung ist neu.
Toiletten ohne Spülbrause sind neu.
Die Frage »Mit Kohlensäure oder ohne?« beim Bestellen von Mineralwasser ist neu. In der Türkei spricht man so eher über Neugeborene: »Hat es Blähungen oder nicht?«
»Auf deutsche Art bezahlen« ist neu. In der Türkei sind wir daran gewöhnt, dass jeder unbedingt die komplette Rechnung bezahlen will.
Neu ist auch, Küssende auf der Straße nicht weiter zu beachten. In unserem Land kann mancherorts Küssen in der Öffentlichkeit zu einem Mord führen.
Auch dass Steuerhinterziehung hart bestraft wird, Küssen in der Öffentlichkeit aber straffrei bleibt, ist neu. In der Türkei werden jene, die Letzteres wagen, verprügelt, und jene, die Ersteres tun, als erfolgreiche Unternehmer geschätzt.
Neu ist, dass nicht alle Augenblicke der Präsident im Fernsehen auftaucht. Warum bloß nutzt er diese Chance nicht, wo er sie doch hat?
Dass jeder seine Angelegenheiten selbst regelt, ist neu. In den Büros gibt es zum Beispiel niemanden, der Tee kocht, ein existenzieller Part der türkischen Arbeitswelt. Wie kriegen die Deutschen bloß den Firmenklatsch mit, wenn jeder sich sein Getränk selbst besorgt?
An der Tankstelle steht kein Tankwart. Du hältst die Zapfpistole selbst, wo finden nur die Tankwarte Arbeit?
Dein Fernseher ist kaputt, jemanden zu finden, der ihn repariert, ist die reinste Plage. Besucht hier jeder einen Reparatur-Kurs für Fernsehapparate?
Manchmal ist man es leid …
Angesichts so vieler Schwierigkeiten beide Länder zugleich

zu bedenken; in dem einen zu leben und unter dem Kummer des anderen zu leiden; zigfach die Frage »Warum haben die Türken in Deutschland Erdoğan unterstützt?« zu beantworten; wenn man genervt ist, grob zurückzugeben: »Warum hat denn Ihre Regierung Erdoğan all die Jahre unterstützt?«

Zum Glück gibt es deutsche Freunde, die unsere Sprache sprechen.

Mit ihrer Hilfe gewöhnen wir uns Tag für Tag ein wenig mehr im neuen Leben ein.

Bei solchen Gelegenheiten fällt mir stets eine Anekdote von Erdal Inönü ein, dem Wissenschaftler und unvergessenen Chef der Sozialdemokraten, die ich von ihm hörte, als er achtzig war:

Auf dem Gymnasium fragte einst ein Lehrer die Klasse, die Inönü besuchte: »Wann ist man alt? Also, was meint ihr, mit wie vielen Jahren gilt man als alt?« Jeder Schüler hatte dazu eine andere Meinung. In dem Alter findet man ja jeden alt, der älter ist als man selbst.

»Mit dreißig ist man alt«, sagte einer.

Ein anderer legte die Latte bei fünfzig an.

Wieder andere meinten: »Mit siebzig.«

Am Ende sagte der Lehrer: »Alt ist man, wenn man den Ehrgeiz verliert, ein neues Leben anzufangen.«

Wir, die wir aus politischen Gründen unser Land verlassen mussten, haben in Deutschland ein neues Leben angefangen, praktisch bei null.

Vielleicht fühlen wir uns deshalb jung.

Auf Türkisch hat das Wort *sürgün* zwei Bedeutungen: Exil, Vertreibung, aber auch: Trieb, Spross einer Pflanze.

Dort, wo wir vertrieben wurden, veredelt man uns, und wir treiben wieder aus.
Ganz neu.

15

DIE ZEIT

Seit Tagen muss ich lachen, wenn mein Blick auf den Zettel auf meinem Schreibtisch fällt.
»13:18« steht darauf.
13:18 Uhr.
Die Zahlen, die mich mit Deutschland bekanntmachen.
Zwei Wochen im Voraus gab mir das Einwohnermeldeamt, wo ich zur Anmeldung war, diesen Termin.
Nicht 13:00 Uhr.
Auch nicht 13:30 oder 13:15 Uhr.
Sondern 13:18 Uhr.
Eine deutsche Uhrzeit.
Die vier Ziffern auf dem Zettel lassen mich an eine ungeduldige Sanduhr denken, deren Sand im Eiltempo durchrauscht.
Sie stehen symbolisch für die Bedeutung, die man hierzulande der Zeit beimisst.
Deutsch ist diese Zeit.
Sie signalisiert: »Ich gehöre nicht zu den Zeitabschnitten, die auf 0 oder 5 enden.« Sie zerlegt die Zeit, spaltet sie in noch kleinere Einheiten auf und öffnet neue Räume im Tagesverlauf. Sie presst uns in Zeitabschnitte, die immer enger, kleiner, kürzer werden.

Zu einem auf 13:00 Uhr angesetzten Termin kannst du riskieren, fünf Minuten zu spät zu kommen, aber würdest du das auch bei 13:18 Uhr wagen?

13:18 Uhr verlangt, wie eine exakt messende Waage, absolute Pünktlichkeit.

Gleich beim ersten Blick auf die Uhrzeit hatte mich die Sorge gepackt, mich zu verspäten, deshalb ging ich für alle Fälle eine halbe Stunde zu früh hin.

Die vier Ziffern, die mich nötigten, mir den Wert der Zeit bewusst zu machen, stahlen mir mit der Hektik, die sie auslösten, eine halbe Stunde.

»Werden sie ebenso pünktlich sein wie ich?«, fragte ich mich und grübelte darüber nach, wie unterschiedlich doch die Auffassung von Zeit bei Türken und Deutschen war.

Für die Türken wurde Zeit erst nach der Modernisierung kostbar.

Die »alte Zeit« gehörte einer Epoche ohne Hast und Hektik an, wo der Gebetsruf die Zeit einteilte.

Zeit gab es im Überfluss, die Abschnitte waren weit gefasst.

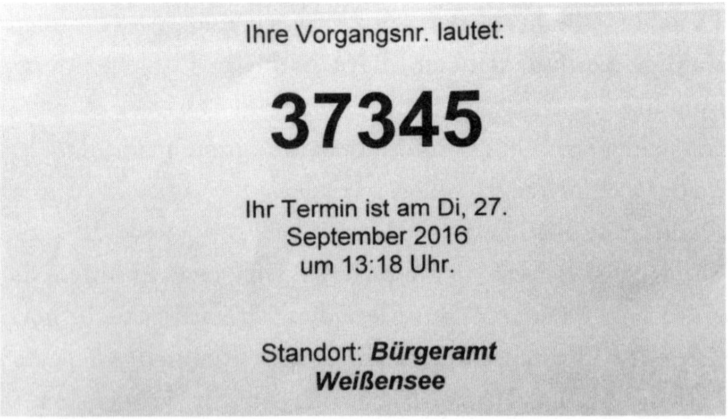

Ihre Vorgangsnr. lautet:

37345

Ihr Termin ist am Di, 27. September 2016 um 13:18 Uhr.

Standort: ***Bürgeramt Weißensee***

Der Termin beim Bürgeramt Weißensee mit der Uhrzeit 13:18 Uhr.

Das Leben kannte keine Eile, die Tage flossen träge vor sich hin.
Bei Sonnenaufgang begann der Tag und endete bei Sonnenuntergang. Der Zeitabschnitt Abend gehörte dem Schlaf.
Die Antwort auf die Frage »Wie weit?« lautete: »Eine Zigarettenlänge.«
Wer fragte: »Wann ist die Hochzeit?«, erhielt die Auskunft: »Wenn die Ernte eingebracht wird.«
Den Schneider, bei dem man das Brautkleid bestellte, fragte man: »Wird es zur Hochzeit fertig?«, woraufhin er antwortete: »So Gott will, schauen wir mal.«
Treffen wurden für »nachmittags« oder »gegen Abend« vereinbart.
Um welche Uhrzeit?
Es gab ja noch keine Uhr, die das hätte bestimmen können.
Und wenn doch, dann schaute niemand darauf.
Im Dorf ließen manche Männer von Stand die funkelnde Uhrkette einer Taschenuhr aus der Westentasche hängen. Diese Privilegierten steckten hin und wieder, wie um einem Ritual Genüge zu tun, die Hand in die Westentasche, zogen prahlerisch die Uhr heraus, klappten umständlich den Deckel auf und erkundeten, wo kleiner und großer Zeiger mit ihrem unaufgeregten Gang gerade angelangt waren.
Doch es war noch völlig ohne Bedeutung, wenn sie sagten, wie spät es war.

In seinem Essay *Die muslimische Uhrzeit* stimmt Ahmet Hâşim[12] nachgerade einen Lobgesang auf die Trägheit an.
Der »nachhaltigste Sturm«, den Fremde je auf Istanbul verübten, meint er, war die Einführung der »ausländischen Stunde«.

»Vor Einführung der ›ausländischen Stunde‹ richtete sich unser Tag in Anfang und Ende nach dem Licht, er hatte zwölf Stunden, war kurz, leicht und einfach zu leben«, schreibt er. Dann zürnt er der von den Neuankömmlingen mitgebrachten Zeit:

»Die Fremden ordneten unser Leben nach einer Regel mit ungewissem Ausgang neu, sodass es für unsere Seelen unkenntlich wurde. Gleich einem Erdbeben hat das neue ›Maß‹ die Ansichten von Zeit um uns herum durchgerüttelt, sämtliche Dämme des früheren ›Tages‹ niedergerissen, die Nacht dem Tag zugeschlagen und so einen langen neuen ›Tag‹ von trüber Farbe geschaffen mit wenig Glück, aber vielen Strapazen.«

Wie bei den meisten Mittelmeeranrainern herrscht auch in der Türkei nach wie vor ein Kräftemessen zwischen den alten Zeiten, als das Leben ohne Gerenne träge floss, und den ungeduldig drängenden neuen Stunden.

Vor Jahren rief ich einmal bei der Bahn an, um ein Ticket zu buchen. Der Anrufbeantworter nahm mich in die Warteschleife, dabei lief ein Schlager:

»Die schwarze Eisenbahn ist verspätet, kommt vielleicht auch nie«, heißt es in dem berühmten Lied.[13]

In welchem anderen Land würde die Buchungshotline einer Eisenbahngesellschaft ihren Kunden wohl ein Lied vorspielen, in dem es heißt, der Zug, für den man eine Fahrkarte buchen will, habe Verspätung, ja komme vielleicht überhaupt nie?

Wie die alte Zeit sich mit derlei kleinen Spielereien hartnäckig gegen die neue wehrt, beobachte ich bald erstaunt, bald verärgert, meist aber mit Sympathie.

In meinem Land, wo auf nahezu jedem größeren Platz ein Uhrturm steht, wundere ich mich darüber, dass die Zeit so

nachlässig und gleichgültig genutzt wird, kann es aber auch verstehen.
Die aus Geduld gewebte Plackerei des Lebens ohne Eile in traditionellen Gesellschaften hat Mühe, mit dem ambitionierten Kampf der neuen, ungeduldig drängenden Zeit Schritt zu halten.
Es ist, als drängte das beschleunigte Ticken des neuen Lebens beide Füße der harmonisch dahinfließenden Zeit von gestern in einen einzigen Schuh.
Wenn an den Berliner Ampeln der langarmige grüne Mann den roten mit seinem großen Hut ablöst, scheint das mit ihm ertönende Spazierstock-Ticktack jene, die aus einer alten Zeit herkommen, gleichsam anzutreiben: »Nun geh schon, du hast nicht so viel Zeit!«
Dabei war früher, als ein Menschenleben kürzer war, viel mehr Zeit.
Wann wurde sie so viel weniger?
Wie kommt es, dass sie sich beim Beschleunigen nicht vermehrt und häuft, sondern nur schneller verbraucht?
Hat die Gier, länger zu leben, den Ehrgeiz mit sich gebracht, jeden Tag immer voller zu stopfen?
Und ist nun schneller auch gleichbedeutend mit glücklicher?

Ich hing noch solcherlei Gedanken nach, da zeigte die Uhr an der Wand im Bürgeramt schon 13:18 Uhr.
Die Unterlagen in der Hand stand ich auf und warf einen Blick auf den Monitor an der Wand.
Nein, ich war noch nicht an der Reihe.
Die »deutsche Zeit« hielt nicht Wort, sie verspätete sich.
Um genau fünf Minuten.

Um 13:23 Uhr trat ich ein.
Auch für mich tickte nun der Chronometer eines neuen Lebens.
Die alte Zeit mit »viel Glück, aber wenig Strapazen« lag hinter mir.
Hallo, Berlin!

16

SOLIDARITÄT

Während ich an meinem Artikel für die *ZEIT* arbeite, gehen mir zugleich Fragen durch den Kopf, über die ich mir nie zuvor Gedanken gemacht habe: »Wie muss ich den Weichspüler für die Waschmaschine dosieren?«, »Was heißt Entkalkungsmittel auf Deutsch?«, »Wie bekomme ich meine Post, wenn mein Name nicht an der Tür steht?«
Drei Monatsmieten Kaution muss ich zahlen, wie soll ich die aufbringen?
Wie kommen Dilek in Istanbul und Ege in London über die Runden?
Meine Mutter ist ganz allein in Ankara, wer kümmert sich um sie?
Es braucht eine sichere Leitung in die Türkei, wie soll ich kommunizieren?
U-Bahn-Fahren ist riskant. Viele Taxifahrer sind Erdoğan-Fanatiker. Wie komme ich sicher von hier nach da?
Der Bankangestellte spricht kein Englisch, ich kein Deutsch. Eine englische Version der Website gibt es nicht. Ich muss ein Bankkonto eröffnen, wie sollen wir uns verständigen?
Die deutsche Presse bringt laufend Kommentare zur Türkei, aber nicht auf Englisch. Wie soll ich die Nachrichten verfolgen?

Der Winter steht bevor, offizielle Einladungen sind da, ich habe nichts anzuziehen. Wann, wo, wie soll ich etwas kaufen? Mein Arzt, mein Friseur, mein Zahnarzt, mein Schneider, mein Steuerberater, mein Anwalt – sie alle sind in meinem Land geblieben, für alle muss ich hier Ersatz finden. Wie soll ich das in einem fremden Land bewerkstelligen?
Die Fragen wachsen mir über den Kopf, und ich bin so allein wie nie zuvor. Wie soll ich mit der Einsamkeit fertigwerden?

»Leg dir solche Freunde zu, die mit dir gemeinsam an die Tür gehen, wenn schlechte Tage anklopfen«, sagt man.
Wie ein Schiffbrüchiger war ich in Berlin gelandet, doch bald fand ich zahlreiche Freunde, die mit mir gemeinsam zur Tür liefen, als schlechte Tage anklopften. Die meisten hatte ich gerade erst kennengelernt. Aber sie wussten um meinen »Schiffbruch«, sahen, welchen Kampf wir ausfechten, und wollten nach Kräften helfen. Dank ihnen gelang es mir, den ersten Schock rasch zu überwinden.
Freunde von Reporter ohne Grenzen und vom deutschen PEN-Zentrum öffneten mir als Erste die Arme. Unzählige bürokratische Hürden nahm ich mit ihrer Hilfe. Bald hatte ich eine Aufenthalts- und Arbeitserlaubnis und ein vorläufiges Reisedokument.
Dank der *ZEIT* musste ich in Deutschland nicht ohne Zeitung auskommen. In derselben Woche, als mein türkischer Presseausweis, der mich dreißig Jahre lang begleitet hatte, storniert wurde, erhielt ich einen deutschen Presseausweis.
Die Parlamentarier, die ich in dieser Zeit kennenlernte, öffneten mir die Pforten zum Bundestag, mein Verlag die zur Verlagswelt, das Maxim Gorki Theater die zur Welt der Kunst.

Ich machte die Bekanntschaft von Politikerinnen und Politikern, von Schriftstellerinnen und Schriftstellern, von Künstlerinnen und Künstlern.
In der Türkei ist es nicht üblich, für Texte oder Vorträge bezahlt zu werden, in Deutschland hatte ich das Glück, zu erfahren, dass man als Urheber mit Worten und Texten Geld verdienen kann.
Als mir *Aspekte*, das angesehene Kulturmagazin des ZDF, anbot, eine ganze Sendung auf Türkisch zu moderieren, erhielt ich die Gelegenheit, die Stimme meines Landes in meiner eigenen Sprache zu Gehör zu bringen.
Die deutsche Redakteurin der Sendung gab mir den Schlüssel ihres Wagens, damit ich ihn eine Weile nutzen konnte.
Einer Freundin gegenüber erwähnte ich, dass ich nichts außer meinen Sommersachen dabeihatte, am nächsten Tag schickte sie mir einen großen Karton mit Anzügen und Hemden.
Drei Wochen nach meiner Ankunft klopfte ARTE mit dem Angebot an, gemeinsam eine Doku zu machen. Da stand plötzlich die Chance, von der ich als Dokumentarfilmer oft geträumt hatte, vor meiner Tür.
Das Team von Correctiv nahm mich mit kollegialer Solidarität auf und bietet mir eine Arbeitsatmosphäre, in der ich frei und unabhängig tätig sein kann.
Dank Freunden, die als Assistenten tätig wurden, meinen Wagen fuhren, mir in rechtlichen und finanziellen Dingen unter die Arme griffen, überwand ich die schwierigen ersten Monate.
Die meisten Kollegen, Freunde, Nachbarn, die ich fast alle erst in Berlin kennenlernte, teilten meine Sorgen und wurden mir zu Ratgebern in Alltagsfragen.
Soll die regimefreundliche türkische Presse nur weiter schrei-

ben, ich stünde unter dem Schutz des deutschen Staates, vielmehr stehe ich tatsächlich unter dem moralischen Schutz dieser Menschen, die mir zu Hilfe eilen, wenn ich sie brauche. Je höher die Regierungsanhänger die Drohungen schraubten, desto weiter breiteten sie ihre Fittiche über mich. Auf derlei Drohungen hin fing die deutsche Polizei an, bei meinen angekündigten öffentlichen Auftritten Schutzvorkehrungen zu treffen.

Mein altes Leben versank im Kummer, doch das neue begrüßte mich mit vielversprechendem Lächeln.

17

EUROPA

Kaum in Berlin angekommen, machte ich mich daran, Deutschland und Europa von der Türkei zu berichten.
In zwei Wochen besuchte ich neun Städte in sechs Ländern.
Als jemand, der den Brand gesehen, das Feuer berührt und sich die Haut verbrannt hatte, eilte ich atemlos von einem Ort zum anderen und rief: »Es brennt bei uns, seht ihr das denn nicht!«, bemüht, alle aufzurütteln, mit denen ich redete.
Das einzige laizistische und demokratische Land der islamischen Welt, ein frühes Mitglied des Europarats, verwandelte sich vor aller Augen in ein totalitäres Regime. Die hartnäckig ignorierte »andere Türkei« aber kämpfte gegen den Tod. Ich wollte, dass alle das wahrnahmen, dass sie sich für die demokratischen Kräfte in der Türkei einsetzten, sie zumindest nicht in den Schatten stellten.
Die europäischen Regierungen verschlossen die Augen und wandten den Kopf ab.
Ihr Schweigen bedeutete Unterstützung für die Repression.
Kann ein Kontinent Angst haben?
Europa hatte Angst.
In der Angst, Millionen Flüchtlinge, die aus dem brennenden Nahen Osten flohen, würden seine Länder stürmen, den Menschen hier die Arbeit wegnehmen und ihr Leben auf den

Kopf stellen, wartete Europa ab, seine Pforten und Lippen fest geschlossen.

Den einzigen Ausweg sah es darin, der Türkei, die großzügig ihre Tore für drei Millionen Flüchtlinge geöffnet hatte, Geld für deren Aufnahme zu geben sowie das Versprechen auf Visumsfreiheit für türkische Bürger. Allerdings gab es noch einen weiteren Preis dafür zu bezahlen:

Die Augen verschließen vor jedweder Repression des »Wächters«, mit dem man übereingekommen war, dass er die Tore der Flüchtlingslager hüten würde. Und sich aller Reaktionen enthalten, die ihn verärgern könnten.

Bei der kleinsten Beschwerde drohte der Wächter: »Ich öffne die Tore, dann werdet ihr schon sehen!«

Angesichts dieser Drohung von Erdoğan schwieg Europa. Erdoğan bezog seine Stärke gegenüber Europa aus dieser demütigen Haltung. Und wir saßen auch aufgrund dieses bangen Schweigens, dieser gewissermaßen indirekten Zustimmung im Gefängnis oder im Exil.

Diese Haltung Europas enttäuschte Millionen von Menschen, die Repressalien erlitten, weil sie für europäische Werte eintraten, für Demokratie, Rechtsstaat, Gewaltentrennung, Pressefreiheit, Laizismus, die Gleichberechtigung von Mann und Frau. Sie sahen, wie leicht der alte Kontinent um tagespolitischer Interessen willen seine Grundprinzipien preisgab.

Wenn ich meine Gesprächspartner darauf hinwies, senkten sie beschämt den Kopf und murmelten: »Aber Sie wissen doch, die Flüchtlingssache ist ungeheuer wichtig.«

Doch es ging nicht allein um die Flüchtlinge. Seit einem halben Jahrhundert ist die Türkei der treue Soldat des Westens, der die Südostgrenze der NATO bewacht. Sie ist ein unverzichtbarer Markt für das europäische Kapital. Und ein

ausgezeichneter Kunde, der jedem Waffenhändler das Wasser im Munde zusammenlaufen lässt. Allein durch den massiven Anstieg der Waffenkäufe im Jahr 2016 rückte die Türkei in der Liste der Länder, die von Deutschland Rüstungsgüter kaufen, von Platz 25 auf Platz 8 vor.
Offensichtlich sieht man in einigen Hauptstädten und Kapitalkreisen ein stabiles repressives Regime in der Türkei lieber als demokratische Instabilität. Das bedeutet auch, dass zur Verteidigung der Werte, die als westliche gelten, gegebenenfalls auch gegen den Westen gekämpft werden muss. Genau wie Atatürk es während des nationalen Befreiungskriegs in den zwanziger Jahren tat.

Glücklicherweise besteht der Westen nicht allein aus ängstlichen Regierungschefs, schwachen Führungen und Geschäftemachern. Überall, wo ich hinkam, lernte ich auch Politiker, Nicht-Regierungsorganisationen, Berufsverbände und Journalistenkollegen kennen, die diese Politik kritisierten und unseren Kampf unterstützten, und verstand, dass wir nicht allein waren. Zahlreiche Menschenrechtsorganisationen setzten sich für uns ein, vom internationalen Schriftstellerverband PEN bis zu Reporter ohne Grenzen, vom Komitee zum Schutz von Journalisten CPJ bis zu Amnesty International. Da nun einmal die europäischen Regierungen wegen des Flüchtlingsabkommens in Schweigen verfallen waren, kam es nun darauf an, die Beziehungen zu Europa über die diplomatische und militärische Ebene hinaus zu entwickeln, die »andere Türkei« musste nachhaltige, persönliche und lokale Verbindungen in die europäischen Parlamente, zu Kommunen, Berufsverbänden, NGOs und zur Öffentlichkeit herstellen.
Es galt, mehr Partnerstädte zu gewinnen und Austausch-

programme für Lehrer und Schüler zu fördern. Anwaltskammern, Kammern anderer Berufsgruppen, Gewerkschaften, Frauen- und Jugendverbände, Journalisten sollten sich solidarisieren.
Wirtschaftsverbindungen auf kleiner und mittlerer Ebene mussten ausgebaut werden.
Gemischte Parlamentsausschüsse sollten gebildet werden.
Gemeinschaftliche Kunstprojekte, Festivals waren zu unterstützen, Filme und Serien sollten gemeinsam gedreht werden, Bücher in beiden Sprachen erscheinen.
Den Türkei-Europa-Beziehungen, die sich auf höchster Ebene in Verhandlungen verrannt hatten, sollte eine Welle von unten aufhelfen.
Wir wollten keine Barmherzigkeit vom Westen, wir waren auf der Suche nach einer dauerhaften, gesunden, demokratischen Beziehung auf Augenhöhe, die nicht auf Abhängigkeit, Ausbeutung und Erpressung beruhte. Anders als die Regierungen lieh das »oppositionelle Europa« der Stimme der oppositionellen Türkei sein Ohr.
Dieses Interesse störte Ankara schon bald.

18

MERKEL

Ein unvergessliches Foto:

Angela Merkel zu Besuch bei Erdoğan am 18. Oktober 2015.

Kanzlerin Angela Merkel und Erdoğan auf den vergoldeten Thronsesseln des Yıldız-Palasts im Gespräch. Um nicht Erdoğans heftig kritisierten Präsidentenpalast betreten zu müssen, hatte Merkel darum gebeten, in Istanbul statt in Ankara empfangen zu werden, hatte dort aber ein viel schlimmeres Palast-Szenario erlebt. Auf ihrem Gesicht stand zu lesen, wie unbehaglich sie sich auf dem Thron fühlte. Doch sie war bereit, das Unbehagen in Kauf zu nehmen, um den Flüchtlingsansturm auf Europa zu stoppen.

Es war der 18. Oktober 2015.

Keinen Monat später traf Merkel Erdoğan beim G20-Gipfel in der Türkei.

Drei Monate darauf, am 8. Februar 2016, war sie wieder da.

Dann zweieinhalb Monate später erneut, am 23. April 2016. Dieses Mal besuchte sie in Gaziantep die Flüchtlingslager.

Einen Monat darauf, am 23. Mai, kam sie noch einmal: zur UN-Versammlung in Istanbul.

Mit fünf Besuchen in nur anderthalb Jahren erzielte Merkel einen kaum zu brechenden Rekord: Weder hatte ein anderer Staatschef die Türkei derart häufig besucht, noch war Merkel so oft in irgendeinem anderen Land gewesen.

Bei ihrem vierten Besuch hatte ich einen offenen Brief an sie geschrieben:

Sie stehen auf der falschen Seite, Frau Merkel

Sehr geehrte Kanzlerin Merkel,

Als das *Time*-Magazin Sie zur »Person des Jahres« ernannte, verlieh es Ihnen den Titel »Kanzlerin der freien Welt«.

Diesen Brief schreibe ich an die Trägerin dieses Titels.

In dem Land, das Sie heute besuchen, ist die »freie Welt« bedroht.

Bei Ihrem letzten Besuch war ich einer von dreißig Journalisten, die in türkischen Gefängnissen einsaßen.

Ich bin der Chefredakteur der *Cumhuriyet*, der ältesten und renommiertesten Zeitung der Türkei. Ich wurde verhaftet, weil Präsident Erdoğan mich persönlich verklagte, nachdem ich einen Bericht darüber veröffentlicht hatte, dass Lastwagen des türkischen Geheimdienstes Waffen an radikale Islamisten in Syrien lieferten. Einzig wegen einer Zeitungsnachricht wird zweimal lebenslange Haft für mich gefordert.

Während ich in Isolationshaft saß, fragte der Korrespondent der *Welt* Sie auf Ihrer gemeinsamen Pressekonferenz mit dem türkischen Premierminister, warum die deutsche Regierung sich heute in Schweigen hülle, obwohl sie zuvor eine kritische Haltung zu den Menschenrechtsverletzungen in der Türkei eingenommen hatte.

In meiner Zelle stellte ich den Fernseher lauter.

Was würde die »Kanzlerin der freien Welt«, die dem russischen Staatschef Putin 2012 ins Gesicht gesagt hatte, ein Mensch sollte unterschiedliche Meinungen nicht fürchten, und 2014 von der chinesischen Regierung die Achtung der Meinungsfreiheit eingefordert hatte, dem Chef der repressiven türkischen Regierung wohl sagen?

Sie sagten zwei Sätze: »Ich glaube, dass wir ein Gesprächsformat haben, in dem wir über alle Themen sprechen. Wir haben zum Beispiel über die Frage der Arbeitsbedingungen von Journalisten gesprochen; vielleicht wird der Premierminister auch selber noch etwas dazu sagen.«

Nicht mehr!

Das war alles, was die »Kanzlerin der freien Welt« im weltweit größten Gefängnis für Journalisten zum Thema Pressefreiheit zu sagen hatte.

Es war eine ungeheure Enttäuschung.

Nach Ihnen ergriff der türkische Premierminister das Wort und sagte, in türkischen Gefängnissen säßen keine Journalisten.

Das war eine große Lüge.
Sie können sich vorstellen, was es bedeutet, als inhaftierter Journalist in einer Gefängniszelle diese Lüge mit anzuhören. Denn Sie sind selbst in einem Land aufgewachsen, in dem die Meinungsfreiheit stark unter Druck stand.
Verehrte Frau Merkel,
Wir wissen, warum Ihre mahnenden Sätze von vor ein paar Jahren nun einem tiefen Schweigen wichen, obwohl das Regime der Türkei heute weit autoritärer als damals ist: weil Erdoğan die Angst, die der Flüchtlingsansturm in Europa allgemein und in Deutschland speziell auslöst, benutzt, um sein repressives Regime zu maskieren. Seine Drohung, die Grenzen zu öffnen, schwenkt er wie ein Damoklesschwert über Ihrem Haupt und sichert sich damit Ihr Schweigen. Der schmutzige Deal hat Millionen Flüchtlinge zu Geiseln eines repressiven Regimes gemacht und Deutschland zu einem Land, das aus tagespolitischem Kalkül fundamentale westliche Werte preisgab.
Dabei rechtfertigt kein geopolitisches Problem die Verletzung fundamentaler Menschenrechte. Ebenso wenig ihre Duldung. Verschließen Sie erst einmal die Augen, werden Sie erleben, dass sich die repressive Gesinnung rasch ausbreitet und auch Ihr eigenes Land erfasst. Das erleben Sie ja bereits heute.
Verehrte Frau Merkel,
heute herrscht ein Tauziehen zwischen Demokraten und Autokraten in der Türkei.
Es ist ein Kampf auf Leben und Tod zwischen jenen, die für Menschenrechte, Demokratie, Rechtsstaatlichkeit, Pressefreiheit und laizistische Werte eintreten, und einer Geisteshaltung, die Krieg, Unterdrückung und das Her-

anwachsen hasserfüllter Generationen von radikalem Glauben fördert.
Bei dieser historischen Auseinandersetzung stehen Sie und Ihr Land bedauerlicherweise auf der falschen Seite.
Selbstverständlich werden wir den Kampf, den wir in einem Land, das auf eine Autokratie zugaloppiert, im Namen universeller Werte aufgenommen haben, nötigenfalls auch gegen Sie führen, dann, so fürchte ich, dürften Sie Schwierigkeiten haben, den Titel »Kanzlerin der freien Welt« zu behalten.
Wenn Sie kommen, werden wir gemeinsam mit Wissenschaftlern, die wegen ihrer Unterschrift auf einem Friedensaufruf verhaftet wurden, vor Gericht stehen. Nicht nur wir werden Ihren Besuch aufmerksam verfolgen, sondern die ganze Welt.
Werden Sie wieder nur Regierungsvertreter treffen und vor der Stimme der Opposition die Ohren verschließen?
Werden Sie wieder so tun, als gäbe es all die Repressionen hier gar nicht?
Oder werden Sie uns und all jenen, die sich in Ihrem Land mit uns im Namen der Pressefreiheit solidarisieren, Ihr Ohr leihen?
Verehrte Frau Kanzlerin,
für uns Türken wurde etwas zum Klischee, das wir einst in unseren Geschichtsbüchern lasen:
Uns wird erzählt, die Türken gelten im Ersten Weltkrieg trotz der errungenen Siege als besiegt, weil ihr großer Verbündeter Deutschland besiegt wurde.
Ich fürchte, die Revanche dafür erleben wir nun hundert Jahre später. Dieses Mal könnte Deutschland als besiegt gelten, weil die Türken, mit denen es gemeinsame

Sache macht, im Kampf um die Meinungsfreiheit unterliegen.

»Kanzlerin der freien Welt« ist ein Titel, der das nicht zulassen darf.

Wir erwarten, dass Sie sich Ihres Titels als würdig erweisen.[14]

Natürlich erreichte der Brief seine Adressatin nicht. Merkel lehnte es erneut ab, auch Vertreter der Opposition zu treffen; die Themen Menschenrechte, Pressefreiheit, Demokratie sprach sie erst gar nicht an, sondern posierte fröhlich mit jenen, die Recht und Freiheit mit Füßen traten.

Einen Monat zuvor hatte sie das Flüchtlingsabkommen unterzeichnet, darüber war sie froh.

Sie war nicht dazu aufgelegt, sich mit unseren Prozessen und den inhaftierten Journalisten zu befassen.

Erdoğan stellte ihre Besuchslust und ihr Schweigen zu den Repressionen als Unterstützung für sich dar und verschärfte seine autoritäre Haltung.

Seit meiner Einreise nach Deutschland kritisiere ich das Schweigen der deutschen Regierung allerorten. Jedem deutschen Journalisten, der mich nach Erdoğan fragte, gab ich, auf die Gefahr hin, mich unbeliebt zu machen, zurück: »Und was ist mit Merkel?« Ich sprach die Mitverantwortung der Regierung für den Status quo an. Sagte offen, wenn Deutschland die Türkei nur als Flüchtlingslager, NATO-Stützpunkt und Absatzmarkt betrachte und sich nicht mit dem Desaster befasse, das sich dort abspielt, bekomme es bald selbst Probleme. Es dauerte geraume Zeit, bis der deutschen Regierung aufging, welcher Gesinnung der Staatschef war, mit dem sie das Abkommen geschlossen hatte. Erdoğan persönlich half nach:

Seine Salven, die mit Attacken gegen die deutschen Medien begonnen hatten, schraubte er immer höher, bis er Merkel Nazi-Methoden vorwarf. Als sie bei ihrem Besuch im Februar 2017 dann endlich entschied, auch Oppositionsführer zu treffen, saß Selahattin Demirtaş, der Vorsitzende der zweitgrößten Oppositionspartei HDP, hinter Gittern. Kurz darauf wurde der Korrespondent der *Welt* Deniz Yücel verhaftet, der sie damals bei der Pressekonferenz gefragt hatte: »Warum hüllen Sie sich in Schweigen?«

Ich traf Angela Merkel erstmals am 15. September 2016 beim M100 Sanssouci Colloquium in Potsdam. Seit gerade zwei Wochen war ich in Berlin. Alle wichtigen Persönlichkeiten der deutschsprachigen Presselandschaft waren dort. Merkel sollte die Laudatio auf den Preisträger halten. Ich saß im Prachtsaal von Schloss Sanssouci im Publikum und wartete gespannt darauf, was sie sagen würde. Sie betonte, Pressefreiheit müsse stets verteidigt werden, erwähnte, dass auch ich unter den Gästen sei, und sagte: »Pressefreiheit (…) umfasst auch die Freiheit, Missstände aufdecken und über sie berichten zu können, ohne Nachteile oder gar Gefahren befürchten zu müssen.«

Zum ersten Mal bezog sie Stellung zur Drangsalierung der Medien in der Türkei, zudem unter Nennung meines Namens.

Im Januar 2017 trafen wir uns beim Empfang zum siebzigsten Geburtstag des *Spiegel* wieder.

Sie kam unvermutet zu mir und erkundigte sich nach meiner Frau. »Darf sie immer noch nicht ausreisen?«, fragte sie zu meiner Überraschung, und ob man etwas tun könnte. Ich dankte ihr für ihr Interesse und konnte nur mit einem Scherz reagieren:

Can Dündar und Angela Merkel beim Empfang des Spiegel.

»Da müssen Sie ihn fragen. Er hört nur auf Sie.«
Sie lachte.
Meine Frau konnte nicht nach Deutschland, bald würde Angela Merkel nicht mehr in die Türkei können.

19

DER AKTIVIST

Der Mann mir gegenüber ist höflich, gut angezogen, sieht modern aus. In aller Ruhe und perfektem Englisch lügt er mir ins Gesicht.

»In der Türkei sitzt kein einziger Journalist im Gefängnis. Die sich als Journalisten bezeichnen, wurden verhaftet, weil sie den Terrorismus unterstützen«, sagt er.

Ich bin ein Journalist, der dort im Gefängnis saß. Ich bürge dafür, dass die große Mehrheit der anderen Verhafteten dieser Sparte tatsächlich Journalisten sind. »Du lügst!«, möchte ich ihm entgegenbrüllen. Ich blicke dem Diplomaten in die Augen, während er spricht, warte geduldig ab, bis ich an der Reihe bin.

Da erreicht mich eine Nachricht auf dem Handy:

»Im Prozess wurde deine Zwangsvorführung angeordnet.«

Mit einem Ohr höre ich weiter der Rede zu und frage nach:

»In welchem Prozess?«

»Der Prozess wegen des Attentats auf dich.«

»Das Attentat wurde auf mich verübt, ich bin der Kläger, und jetzt wollen sie mich zwangsvorführen lassen?«

»Genau.«

»Was ist mit dem Attentäter?«

»Der wurde freigelassen.«

Am 6. Mai 2016, dem Tag der Urteilsverkündung, wurde vor dem Gericht ein Attentat auf Can Dündar verübt. Er blieb unverletzt, da seine Frau sofort eingriff. Der Attentäter wurde später verhaftet.

Wir sind in Warschau.

Beim Human Dimension Implementation Meeting der OSZE. Diplomaten aus 57 Ländern und Vertreter von Menschenrechtsorganisationen sitzen einander in dem großen Saal gegenüber. Auf der Tagesordnung stehen Menschenrechtsverletzungen. Während sie reden, meldet mir mein Telefon ein konkretes Beispiel dieser Verletzungen.

Der türkische Diplomat, der mir unmittelbar gegenübersitzt, bemüht sich, sein Gehalt wirklich verdient zu haben. Er erzählt von »Gülens blutigem Umsturzversuch« und den »Terroristen, die ihn unter dem Deckmantel des Journalismus unterstützen«. Doch er hat es schwer, ihm steht ein Zeuge gegenüber, der bereit ist, ihm seine Lüge um die Ohren zu schlagen.

Als Dunja Mijatović, die OSZE-Beauftragte für die Freiheit der Medien, mir als PEN-Vertreter auf der Tagung das Wort gibt, verkündet sie dem Saal, dass die *Cumhuriyet* mit dem Alternativen Nobelpreis ausgezeichnet wird: »Diese Auszeichnung stellt ein Testament für die Rolle der freien Presse in Demokratien dar.« Bevor ich meine Rede beginne, gibt es Glückwunschbeifall.

»Dieser Tage ist es vermutlich diffizil, türkischer Diplomat zu sein. Gleichzeitig die Wahrheit zu verbergen und offen für ein repressives Regime einzutreten, muss schwierig sein. Ich wünsche unserem Herrn Diplomaten gutes Gelingen.«

Dann berichte ich, wie dieselben Diplomaten vor einigen Jahren Lobbyarbeit für die Einrichtung von Schulen der Gülen-Bewegung in Europa machten, sich aber heute um ihre Schließung bemühen. Gäbe es einen Straftatbestand wie Unterstützung der Gülen-Bewegung, sollten als Erste nicht wir vor Gericht, die wir von Anfang an auf die Gefahr von dieser Seite aufmerksam gemacht haben, sondern vielmehr jenen der Prozess gemacht werden, die Gülen jahrelang gefördert, groß gemacht und den Staat seinen Anhängern überantwortet haben.

Mit gesenktem Kopf macht sich der Mann, den ich anspreche, Notizen.

Wir sind Bürger eines Landes, auf demselben Boden aufgewachsen, sprechen dieselbe Sprache. Doch wir stehen auf gegensätzlichen Seiten. Er repräsentiert ein Regime, das auf Autoritarismus zusteuert, ich dagegen bin stellvertretend für all jene Menschen, die in meinem Land für Demokratie kämpfen. Nicht allein für mich, meine Kollegen, meinen Beruf trete ich hier ein, zugleich bemühe ich mich, meine Familie, mein Land, die Demokratie zu verteidigen.

Auf unserer Seite stehen die dynamischen Menschenrechtsorganisationen des Westens:

Reporter ohne Grenzen, die internationale Schriftstellervereinigung PEN, das Komitee zum Schutz von Journalisten CPJ, Amnesty International, Human Rights Watch, das Internationale Presseinstitut IPI, das Europäische Komitee zur Verhütung von Folter CPT, Freedom House, Article 19, Index on Censorship … Alle wollen sie der Türkei helfen.
Hinter dem Diplomaten dagegen steht das Schweigen Europas. In meiner Rede verurteile ich dieses Schweigen.
Im Laufe des Tages treffe ich nacheinander mit den Botschaftern der USA, Deutschlands, Englands, Irlands, Schwedens und Dänemarks zusammen und erlebe das Schweigen aus nächster Nähe.
Dem deutschen Botschafter scheint nicht zu gefallen, dass ich Europa eine Mitschuld an Erdoğans Aufstieg gebe. Er sagt, hinter verschlossenen Türen ermahne man Ankara durchaus. Doch die Frage, ob sich nicht inzwischen herausgestellt habe, dass das nichts bringt, lässt er unbeantwortet.
Wenn ich die Diplomaten daran erinnere, sie selbst hätten betont, dass Europa auf Werten wie Menschenrechte, Pressefreiheit, Demokratie und Säkularismus gründe, und sage: »Fordern Sie diese doch ein!«, werden die Köpfe gesenkt.
Dasselbe Bild erlebe ich einen Monat später in Straßburg noch deutlicher. Im Europäischen Parlament erfahre ich, dass manche sich sorgten, es könnte Erdoğan verärgern, dass ich als Kandidat für den Sacharow-Preis[15] aufgestellt wurde. Manche der Politiker, mit denen ich spreche, schweigen, weil sie fürchten, als Unterstützer der Gülen-Bewegung dazustehen, wenn sie heute die Türkei kritisieren. Wie kann man ihnen bloß klarmachen, dass solche Ängste den Despotismus nur stärken?
Der Generalsekretär des Europarats Thorbjørn Jagland hört

mit aristokratischer Abgeklärtheit zu, als ich vom Unrecht berichte. »Ich bin nicht hier, um mich zu beklagen, ich bin hier, um unser Recht einzufordern«, sage ich. »Der Europäische Menschenrechtsgerichtshof muss die Klagen aus der Türkei vorrangig behandeln. Zu warten, bis die inländischen Rechtswege ausgeschöpft sind, bedeutet, die Augen vor dem Unrecht zu verschließen.«

»Aber uns liegen 40 000 Fälle aus der Türkei vor«, gibt er zu bedenken.

Was für Europa eine hohe »Arbeitsbelastung« bedeutet, ist unser Leben, unsere Freiheit. Dabei würde es beispielsweise ausreichen, in einem einzigen Pilotverfahren zu überlanger Untersuchungshaft ein Urteil zu fällen, um ein Exempel zu statuieren.

»Wir müssen dem Verfassungsgericht die Möglichkeit geben, diese Verfahren abzuschließen«, wendet der Generalsekretär ein.

»Sie wissen, dass zwei Richter vom Verfassungsgericht nach dem Umsturzversuch verhaftet wurden«, halte ich dagegen.

»Kein Richter kann Mitglied einer illegalen Organisation sein«, sagt er.

»Es liegen noch nicht einmal die Anklageschriften vor, wie wollen Sie da wissen, ob sie Mitglied einer illegalen Organisation sind? Nun denn, können Sie diesem Gericht noch trauen, seit einer der verhafteten Richter durch einen Berater des Staatspräsidenten ersetzt wurde? Und was ist mit den Familienangehörigen, deren Pässe eingezogen wurden? Sind auch sie Mitglieder einer illegalen Organisation?«

Was die Angehörigen betrifft, gibt Jagland mir recht. Er verspricht, dieses Thema dem türkischen Justizminister vorzulegen, wenn er ihn trifft.

Ganz offensichtlich will Europa sich mit Ankara gut stellen, schreckt davor zurück, sich Probleme aufzuhalsen, und legt auf Nebensächlichkeiten wie Demokratie nicht allzu viel Wert.
Je klarer wir ihm die Gefahr vor Augen führen, desto weiter wendet es den Kopf ab.

Beim Austausch von Visitenkarten bei diesen Treffen streiche ich die Angaben auf den alten Karten durch. Unter der alten Adresse bin ich nicht mehr zu erreichen, das ist nicht mehr meine Nummer. Wichtiger aber ist, dass ich die jahrelang sorgsam eingehaltenen Grenzen meiner Identität als Journalist, als der mich die Visitenkarten ausweisen, verletzt habe. Ich bin vom Journalisten zum Aktivisten geworden. Ich interviewe kaum noch, gebe aber ständig Interviews. Ich gebe mehr Antworten, als dass ich selbst Fragen stelle. Ich rede mehr, als dass ich zuhöre.
Die Grundvoraussetzungen von Objektivität sind für mich nicht länger gegeben.
Dunja Mijatović zeigt mir auf ihrem Smartphone den Shitstorm, der nach ihrem Tweet über mich auf sie niederging. Das Heer der Trolle, das Erdoğan in seinem Palast aufgestellt hat, ist an der Arbeit. Es speit Hass und Drohungen nicht nur auf mich, sondern auf alle, die mich auch nur erwähnen.
Ist es unter diesen Umständen, wenn zudem Ihre Familie, Ihre Zeitung, Ihre Freunde und Kollegen gefangen gesetzt sind und Ihnen Ihr Land entgleitet, noch möglich, gelassen objektiven Journalismus auszuüben?
Wenn ich zu einem Aktivisten werde, ist das nicht meine Wahl.
Ich bin dazu gezwungen.

20

SCHLAF

Haben Sie je jemanden, den Sie sehr lieb haben, zum Schlaf gebettet?
Nicht, um ihn am nächsten Morgen mit einem Kuss wieder aufzuwecken, sondern zum ewigen Schlaf? Zu jenem tiefen Schlaf, aus dem es kein Erwachen gibt?
Eine schwere Prüfung der Liebe …
Einerseits die Qual, ihn eigenhändig von sich und aus dieser Welt loszureißen und ins Ungewisse zu verabschieden, andererseits die Notwendigkeit, seinen Schmerzen ein Ende zu bereiten und ihn in die Ewigkeit zu schicken, die Sie für ein Reich von Ruhe und Frieden halten …
Die Entscheidung fällt ungeheuer schwer. So schwer, wie sich etwas aus der eigenen Seele zu reißen.
Man kann sich selbst etwas antun, ohne mit der Wimper zu zucken, aber nicht dem, den man liebt. Unerträglich wird es, wenn der Preis dafür ist, in Augen zu schauen, die bitten: »Lass mich gehen«, und unstillbare Schmerzen in Kauf zu nehmen.
Ich zählte die Tage, wieder bei unserem Tarçın zu sein, den ich sieben Jahre zuvor als winzigen Welpen heimgetragen hatte und seither wie einen Sohn liebte. Er war krank, das wusste ich. Mit zärtlich mütterlicher Treue brachte Dilek ihn

Tarçın.

immer wieder zum Arzt. Sein kleines Herz war überanstrengt, vielleicht von der Liebe, die ihm aufgebürdet wurde, vielleicht von all den Problemen, die er im Haus mitbekommen hatte. Er konnte nicht mehr laufen. Abend für Abend ließ ich mir bekümmert berichten, wie es ihm ging.

Irgendwann war der Zeitpunkt für eine Entscheidung gekommen.

»Schläfern wir ihn ein, sagen sie«, schluchzte Dilek und verbarg ihre Tränen nicht.

Wir drei tagten auf Skype, seine Familie.

In enger Gemeinschaft, Nase an Nase, hatten wir all die Jahre mit ihm gelebt; kaum ein paar Tage von ihm getrennt, hatten wir seinen Geruch vermisst; nun sollten wir für den kleinen Goldigen eine Entscheidung treffen: Sollte er gehen oder leiden? Eine Option schwerer als die andere, wir schwankten zwischen beiden hin und her, dabei schnieften wir ohne Unterlass.

Ich konnte mich nicht damit abfinden, ihn gehen zu lassen, womöglich aus reinem Egoismus, weil ich ihn dann nie wiedersehen würde.

Can Dündar mit seinem Hund Tarçın.

Mir stand vor Augen, wie er mich an der Tür begrüßt hatte, mir das Gesicht ableckte, als ich nach drei Monaten im Gefängnis nach Hause kam.

Könnte ich mich nicht ins Flugzeug setzen und auf irgendeine Ägäis-Insel fliegen? Freunde könnten ihn mit einem Boot bringen, ich könnte ihn ein letztes Mal in die Arme schließen. Könnte mich verabschieden.

Doch er hatte nicht mehr die Kraft dazu.

Wir brachten es nicht fertig, ein Urteil zu fällen. Wir beschlossen, noch einen Tag abzuwarten.

Am nächsten Abend rief Dilek an.

»Es ist vorbei«, brachte sie nur heraus, mehr nicht.

Ich konnte nicht einmal nach dem Wie fragen, das Schluchzen erstickte mich.

Wie in einem Trauerhaus kam die Familie nachts wieder auf Skype zusammen. Dilek erzählte, wir weinten:

»Vor lauter Herzschmerzen konnte er nicht sitzen, entkräftet hielt er sich auf dem Untersuchungstisch auf den Beinen. Eine Pfote hing am Tropf. Auf einmal setzte er sich hin. Warf mir einen letzten Blick zu. ›Gut, Tarçın, wenn du gehen willst, dann geh‹, sagte ich. Er ging. Er wollte die schwere Entscheidung nicht uns überlassen.«

Am nächsten Tag bettete Dilek ihn im Garten unseres Hauses zum ewigen Schlaf.

Ege und mir schickte sie ein Foto.

Ich saß in der Wohnung, die ich in der Hoffnung angemietet hatte, dass er nachkommen, hier mit mir leben würde, und starrte auf das Foto von seinem Grab. Er hatte uns die Liebe gelehrt und war fortgegangen.

Es tat mir unendlich weh. Die Last der Fremde drückte an jenem Tag besonders stark, mehr als sonst verfluchte ich jene, die uns auseinandergerissen hatten.

Bei diesem Verlust spürte ich wohl zum ersten Mal deutlich, selbst wenn ich irgendwann zurückkehren würde, war manches auf immer verloren.

Bis zu jenem Tag hatte ich Freunde und Bekannte stets aufgemuntert: »Auch diese Tage gehen vorüber«, und mich selbst getröstet: Ich kehre heim, in mein Haus, zu meinen Liebsten.

Die Freunde und Kollegen kommen frei, unser Land kommt wieder in Ordnung, bald sitzen wir wieder fröhlich zusammen bei Tisch, hatte ich gedacht.

Als sich aber Tarçın zum ewigen Schlaf niederlegte, lautete seine Botschaft an mich: »Wach auf!«

»Wach auf aus deinem Schlaf der Hoffnung. Es gibt keine Rückkehr. Und selbst wenn, ich bin nicht mehr da.«

21

DER ÜBERFALL

Am 31. Oktober 2016 riss mich um fünf Uhr morgens der Aufschrei meines Handys aus dem Schlaf. Ein Anruf um diese Zeit bringt immer schlechte Nachrichten.

Hasan Cemal war dran. »Steh auf, Junge, Überfall!«

Ich fuhr hoch, wie von einer Bettfeder geschleudert.

»Was für ein Überfall?«

»Sie stürmen die *Cumhuriyet*!«

Ich war in Köln.

Es war der Morgen nach einer misslichen Nacht.

Ich war zur Gedenkfeier für einen alten Freund nach Köln gefahren. Tarık Akan, der unvergessene Star des türkischen Kinos und Kämpfer für die Demokratie, war vor einigen Wochen seiner Krankheit erlegen. Wir hatten gemeinsam Dokumentarfilme gedreht, Gespräche geführt, Reisen unternommen. Zu der Feier in Deutschland sollten seine Familie und Freunde nach Köln kommen. Darunter enge Freunde von mir, auch mein Freund und Anwalt Akın Atalay, der Herausgeber der *Cumhuriyet*. »Wir sehen uns da«, hatten wir am Telefon vereinbart. Ein paar Wochen wartete ich auf eine Einladung; als niemand anrief, fuhr ich einfach hin. Immerhin sehe ich meine Freunde dort, dachte ich.

Ich sah die Freunde in Köln und zugleich, wie sehr sich das Leben verändert hatte.
Und erlebte einen der schwersten Tage meines Lebens im Exil.

Hast du eine herzliche Atmosphäre der Freundschaft verlassen, glaubst du, dein Platz werde dir warmgehalten, auch wenn Zeit vergeht, das hoffst du zumindest. Doch es kann vorkommen, dass das Leben den Platz, die Speise, die Freundschaften abkühlen lässt. Einige Freunde umarmten mich innig wie stets, manche zeigten noch mehr Nähe als früher, brachten gar Koffer voller Kleider von zu Hause für mich mit, doch in den Augen anderer spürte ich die Eiseskälte des Argwohns. Mich fror.
Ihr Verhalten zeigte deutlich, wie ungelegen es ihnen kam, dass ich uneingeladen aufgetaucht war.
Misstrauten sie mir, oder hatten sie Sorge, mit mir zusammen gesehen zu werden?
Warum hatten sie mich nicht eingeladen, obwohl sie doch wussten, dass ich in Deutschland war?
Oder sollte etwa …?
Ich stellte dort fest, dass ich nicht nur von der Regierung als Aussätziger behandelt wurde, sondern auch in einigen Bezirken »unseres Viertels«. Einer der Veranstalter fühlte sich hektisch zu einer Erklärung genötigt, ohne dass ich danach gefragt hätte:
»Wir haben dich unterstützt, als du im Gefängnis saßest, wie du weißt. Bei dieser Feier aber wollten wir die Politik außen vor lassen. Deine Situation ist ja bekannt …«
Meine Situation?
Da ging mir ein Licht auf. Der Wind hatte sich gedreht: Ich

war ein vom Staat gesuchter »Verbrecher«. Ein Attribut, das die Feier und die Teilnehmer bei ihrer Rückkehr in die Türkei gefährden könnte. Wie eine ansteckende Krankheit hatte die Angst also auch hier Einzug gehalten.
»Versteh es nicht falsch, wir fürchteten, durch deine Teilnahme könnte die Feier eine andere Richtung bekommen. Den Saal in der Universität haben wir nur bekommen, weil wir dafür garantiert haben, dass es keine politische Veranstaltung wird.«
Jeder Satz, der erklären sollte, vertiefte nur meine Enttäuschung.
»Nicht das Schwert tötet den Helden, sondern ein böses Wort«, pflegte mein seliger Vater zu sagen. Ich war es gewohnt, von Gegnern ausgegrenzt zu werden, bei Freunden aber traf mich das unvorbereitet. Die stacheligen Attacken Erdoğans taten nicht weh, doch jetzt stach mir eine Rose in die Hand, als ich an ihr schnuppern wollte, eine Rose, die ich kannte. Ich bemühte mich zu kaschieren, wie verletzt ich war.

Wir gingen alle gemeinsam essen an jenem Abend. Ohne um Erlaubnis gebeten zu haben, teilte ich ein Foto als glückliche Erinnerung auf Twitter, versehen mit der Zeile:
»Unter Freunden / Am Tisch der Sonne.«[16]
Dass ich sie damit in Schwierigkeiten brachte, wurde mir erst später klar.
Ebenso, dass ich nicht mehr »der alte Can« war.
Es war riskant, mit mir auf einem Foto abgebildet zu sein, ein Risiko, das einen teuer zu stehen kommen konnte. So warteten denn auch die regimetreuen Medien nicht einmal den Morgen ab, sondern brandmarkten sie alle noch in der Nacht auf ihren Internetseiten.

Mit der Bürde dieses Wissens war ich zu Bett gegangen.
Mit der Nachricht vom Überfall stand ich am nächsten Morgen auf.

Winston Churchill hatte einst gesagt: »Wenn es morgens um sechs Uhr an meiner Tür läutet und ich sicher sein kann, dass es der Milchmann ist, dann weiß ich, dass ich in einer Demokratie lebe.« Wir dagegen hatten in der Schule des Lebens gelernt, dass es die Polizei ist, wenn es morgens an der Tür läutet.
In der Morgendämmerung läutete es an sechzehn Türen. Vom Vorsitzenden der Stiftung, die die *Cumhuriyet* herausgibt, bis zum Chefredakteur, vom Kolumnisten bis zum Karikaturisten, vom Buchhalter bis zum Anwalt wurde die gesamte Führungsriege der Zeitung aus dem Bett geholt und festgenommen.
Wir hatten die Operation seit Monaten erwartet.
Dilek war in Izmir, welch glücklicher Zufall. Als niemand die Tür öffnete, hatte die Anti-Terror-Einheit die Nachbarn aus dem Bett geholt und genötigt, Dilek anzurufen. Als ich mit ihr sprach, war sie wieder einmal gelassen und mutig: »Normalerweise lassen sie einen Schlosser öffnen und gehen rein, aber als ich sagte, ich komme sofort, wollten sie warten. Ich fliege gleich hin und schließe ihnen auf.«
Die Heimsuchung stand buchstäblich bei uns vor der Tür.

Ich versuchte sofort, die Mitarbeiter der Zeitung zu erreichen. Die Telefone waren ausgeschaltet. Die meisten hatte man auf die Polizeiwache mitgenommen.
Hilflos verfolgte ich auf dem Fernsehbildschirm, wie meine Kollegen von Polizisten abgeführt wurden.
Es kamen Freunde, die am Morgen davon gehört hatten. Alle

waren besorgt: Manche fürchteten, bei der Zeitung würde ein Zwangsverwalter eingesetzt werden, andere waren in Panik, bei der Rückkehr womöglich selbst verhaftet zu werden. Abgeordnete fragten uns verzweifelt: »Was sollen wir tun?«, meine engsten Freunde rieten: »Schreib vorerst nichts, zieh dich in ein Dorf in den Bergen zurück, bring dich eine Weile in Vergessenheit.« Solche Worte, die Atmosphäre des Niedergangs, die Verzweiflung ringsum stachelten mich nur weiter auf.

Ich bemühte mich, ruhig zu bleiben.

Bald bekam das Geschehen Konturen:

Wegen angeblicher »Unterstützung und Beihilfe für PKK und FETÖ[17]« waren Ermittlungen eingeleitet und Festnahmen angeordnet worden. Über die Ermittlungen war Geheimhaltung verhängt worden, um Debatten von vornherein zu unterbinden.

Die *Cumhuriyet* war ein Titan, ebenso alt wie die Republik, deren Namen sie trägt.[18] Atatürk persönlich hatte sie gegründet. Sie war die älteste und angesehenste Zeitung der Türkei. Ihr Einfluss war weit größer als ihre Auflage. Zu allen Zeiten war sie für Demokratie, Laizismus, Freiheit und das Gedankengut der Aufklärung eingetreten, immer wieder hatte sie dafür teuer bezahlen müssen. Sechs ihrer Autoren hatte sie bei Attentaten verloren, unzählige waren ins Gefängnis gesperrt worden, mehrfach war sie verboten worden, es war auf sie geschossen worden, sie war zensiert worden, doch geschwiegen hatte sie nie, nie hatte man sie zum Schweigen bringen können.

Die *Cumhuriyet* war eine der letzten Bastionen, die sich Erdoğan, der die zentralen Medien übernommen und sein eigenes Medienimperium errichtet hatte, entschieden ent-

gegenstellte. In unserer Abwesenheit hatten sie nun diese Festung attackiert und unsere Kollegen als Geiseln genommen. Nun mussten wir uns für ihre Befreiung einsetzen und unsere Bastion verteidigen.
In meiner Kolumne, die am nächsten Tag erscheinen sollte, schrieb ich:

> Wir wissen, warum ihr durchdreht: Ihr hofft, wenn es euch gelingt, diese Zeitung zu fällen, habt ihr damit eine weitere wichtige Kurve auf dem Weg zur Abschaffung der Republik, deren Namen die *Cumhuriyet* trägt, genommen. (…)
> Ihr könnt nicht hinnehmen, dass die Republik nicht kapituliert, sondern ganz im Gegenteil viele für sie eintreten.
> ›Wir drangsalieren sie nach Kräften, doch sie geben immer noch nicht auf‹, wütet ihr.
> Eure Kultur ist die Kultur der Unterwerfung, deshalb ist euch diese Art der Auflehnung fremd.
> Es ist uns eine Pflicht, euch damit bekanntzumachen.

Mittags kam Dilek Hals über Kopf aus Izmir nach Istanbul zurück. Sechs Polizisten standen seit dem Morgen vor der Tür. Treue Freunde, die von der Sache gehört hatten und sofort zu unserem Haus eilten, waren noch vor Dilek eingetroffen.
Wie es weiterging, hörte ich am Telefon gewissermaßen live mit:
Der Einsatzleiter schickte seine Leute in mein Arbeitszimmer mit der Anweisung: »Ihr wisst, wir suchen digital!« Das bedeutete im Klartext: »Kümmert euch nicht um die Bücher, schaut euch Computer und Telefone an!« In meinem geräumigen Arbeitszimmer wurden die Bibliothek, Ordner und Schubladen durchsucht, drei Stunden später war nichts

Handfestes gefunden worden, nur mein altes Handy wurde beschlagnahmt.
Nach der Durchsuchung verfolgte ich im Fernsehen, wie Dilek vor der Haustür in die wartenden Kameras sprach:
»Can hat so viele Bücher, deshalb hat es so lange gedauert.«
Auf die Frage, ob ihr Mann in die Türkei zurückkommen werde, antwortete sie:
»Can ist zur Fahndung ausgeschrieben. Man hat ihn hier leider zur Zielscheibe gemacht. Bei der Rückkehr würde man ihn sofort festnehmen. Ich halte es für besser, wenn er nicht zurückkommt.«

Wir waren jetzt mit folgender Frage konfrontiert:
»Werden Sie zurückkommen?«
Konnten wir draußen bleiben nun, da unsere Zeitung gestürmt und unsere Kollegen hinter Gitter gebracht worden waren?
Sollten wir heimkehren und mit ihnen gemeinsam ins Gefängnis gehen oder bleiben und uns hier weiter engagieren?
Am besten war es wohl, ein paar Tage zu beobachten, wie sich die Lage entwickelte, und dann mit klarem Kopf eine Entscheidung zu treffen.

Am nächsten Tag erschien die *Cumhuriyet* mit der Schlagzeile: »Wir geben nicht auf«. Hunderte Leser waren zur Zeitung gekommen und hatten bis in die Nacht hinein vor der Tür Wache gehalten. Der Chef der größten Oppositionspartei hatte die Zeitung besucht. Es hagelte Proteste aus aller Welt.
Die Erdoğan-nahe Presse dagegen triumphierte. Die Zeitung *Takvim* berichtete von dem Überfall unter der Schlagzeile: »Operation gegen die Terror-Festung – das war überfällig«.

Unter dem Foto von EU-Parlamentspräsident Martin Schulz, der sagte: »Die Türkei hat die rote Linie überschritten«, hieß es: »Deutschland in Panik«. Dabei hatte Merkel die Festnahmen nicht einmal verurteilt. Nur der Verband deutscher Zeitungsverleger hatte erklärt, das Schweigen der Kanzlerin sei nicht hinnehmbar.

Die Sache war in der deutschen Geschichte ja nicht unbekannt:
Am Abend des 26. Oktober 1962 hatten Polizisten die Räume des *Spiegel* durchsucht, in der Folge kamen Herausgeber Rudolf Augstein und die Verfasser des Artikels, der den Polizeieinsatz ausgelöst hatte, in Untersuchungshaft, genau wie uns wurde ihnen Verrat von Staatsgeheimnissen vorgeworfen.
Kanzler Adenauer bezichtigte Augstein des Landesverrats, genau wie Erdoğan uns.
Die Ermittlungen gegen den *Spiegel* wurden in Deutschland als Anschlag auf die Pressefreiheit gewertet, die Öffentlichkeit stellte sich hinter die inhaftierten Redakteure, genau wie unsere Leser und Berufsverbände sich an unsere Seite stellten.
Hier aber enden die Ähnlichkeiten. Die *Spiegel*-Affäre wurde zum Wendepunkt im Kampf für die Pressefreiheit in Deutschland, der Verteidigungsminister zahlte den Preis für die Überschreitung seiner Kompetenzen mit dem Rücktritt, bald darauf stürzte das gesamte Kabinett.
In der Türkei dagegen wurden nach der Veröffentlichung der Video-Aufnahmen in der *Cumhuriyet* die Verantwortlichen für den Skandal befördert, Premier Erdoğan wurde Staatspräsident.
Das türkische Gericht verurteilte die Journalisten wegen

»Enthüllung von Geheimdokumenten«, der Bundesgerichtshof in Deutschland dagegen hatte die Klage gegen Augstein fallengelassen und in seinem Urteil nicht die Journalisten verurteilt, die ihre berufliche Pflicht erfüllt hatten, sondern Politiker wegen Amtsmissbrauchs getadelt.
Der *Spiegel* ging als Sieger aus der Affäre hervor, fünfundfünfzig Jahre später dagegen wurde die *Cumhuriyet* mit einer großangelegten Operation in die Zwinge genommen.
Den Unterschied zwischen beiden Fällen macht aus, dass Deutschland die furchtbaren Folgen einer unkontrollierten, die Gewaltenteilung missachtenden, autoritären Macht in der eigenen Geschichte erlebt hatte. Und natürlich, dass es Wert legte auf unabhängige Justiz, Rechtsstaatlichkeit, parlamentarische Kontrolle und eine organisierte Zivilgesellschaft.
Wir erwarteten, dass man die gleiche Sensibilität nun auch uns gegenüber an den Tag legen würde.
In der Türkei brachten regimetreue Medien meine Statements, in denen ich das Schweigen der deutschen Regierung verurteilte, mit der Schlagzeile »Aus Can wurde Hans«.
Ihre Lügen kannten keine Grenzen. Eine unglaubliche Negativpropaganda hatte eingesetzt, auf die im Einzelnen zu reagieren uns die Kraft, die Geduld und die Zeit fehlte. Mit Beleidigungen, Verdrehungen und Fake-News wurden wir tagtäglich von den Titelblättern attackiert.
Das gesamte »Material«, das wir später in der Anklageschrift wiederfanden, stand bereits auf ihren Seiten:
Unsere Berichte, unsere Kommentare, unsere Schlagzeilen.
Unsere Schuld war es, Journalisten zu sein. Engagierte Journalisten, die jede Untat der Regierung aufdeckten.
Bitter war, dass auch ein paar ehemalige *Cumhuriyet*-Mitarbeiter, die es auf unsere Stellen bei der Zeitung abgesehen

hatten, in den Chor mit einstimmten, sie kritisierten uns und hofften auf Positionen unter einer neuen Führung.

Gemeinsam mit *Cumhuriyet*-Mitarbeitern, die zu der Veranstaltung nach Köln gekommen waren, besprach ich die Lage.
Ich war dafür, nicht zurückzukehren. Ich hatte das Gefängnis kennengelernt, das Problem sah ich weniger in erneuter Inhaftierung als vielmehr darin, dass die Justiz mittlerweile vollständig außer Kraft gesetzt war. Einmal hinter Gittern, gab es inzwischen kaum eine Chance, wieder freizukommen.
Der Journalist Cem Küçük, der als Sprachrohr der Regierung fungierte, ließ im Fernsehen Drohungen vom Stapel: »Ihr werdet krepieren, ob auf dem Rechtsweg oder auf anderen Wegen!«
Wenn man uns verhaften würde, war niemand mehr da, der die Zeitung administrativ leiten konnte. Die Einsetzung eines Zwangsverwalters könnte aufs Tapet kommen. Ich versuchte, die Kollegen zu überzeugen: »Wir können von hier aus viel besser agieren.«
Am Tag des Feuers waren wir nicht im Haus gewesen und diskutierten nun, ob wir uns hineinstürzen und die Freunde und Kollegen retten sollten oder von außen Wasser herbeischaffen. Wir suchten nach einer Entscheidung zwischen Haft und Exil.
Draußen zu sein, während die anderen drinnen waren, war eine schwere moralische Bürde. Dazu käme noch die Last des Spruchs: »Er hat sich davongemacht.«

Drei Tage nach dem Überfall auf die *Cumhuriyet* wurden die beiden Ko-Vorsitzenden der HDP, der zweitgrößten Opposi-

tionspartei der Türkei, Selahattin Demirtaş und Figen Yüksekdağ, festgenommen. Erdoğan steuerte jetzt auf die Felsen zu. Die Türkei entglitt uns und raste in Richtung Diktatur.
In diesem Klima verkündete der Herausgeber der Zeitung Akın Atalay seine Entscheidung:
»Ja, sie werden mich direkt vom Flughafen ins Gefängnis bringen. Aber als Vorsitzender der *Cumhuriyet*-Stiftung kann ich in diesen Zeiten nicht draußen bleiben. Es hat mehr Wirkung, wenn ich im Gefängnis bin. Bleibe ich im Ausland, führt das zu der Auffassung, ich hätte mir etwas zuschulden kommen lassen. Auch wird meine Rückkehr eine moralische Unterstützung für die Kollegen sein.«
»Dann gehen wir zusammen zurück«, warf ich ein.
»Du musst hierbleiben«, entgegnete er. »Bei dir ist nicht nur deine Freiheit bedroht, sondern dein Leben. Selbst in der Haft besteht die Gefahr, dass sie dich umbringen. Außerdem kannst du hier deinen Beruf ausüben, kannst dir von hier aus in aller Welt Gehör verschaffen. Für mich wäre das schwierig.«

Seine Entscheidung war gefallen. Was ich auch sagte, war vergebens.
Sollte auch ich zurückkehren?
Sollte ich dem Exil die Haft vorziehen?
Sollte ich eine Gefangenschaft von ungewisser Dauer in Kauf nehmen?
Ich würde nicht in ein Land, sondern ins Gefängnis zurückkehren, in eine Zelle aus Beton.
Überdies war diese Zelle nicht mehr dieselbe, in der ich ein Jahr zuvor gesessen hatte.
Das Klima der Repression, das das ganze Land erfasst hatte,

zeigte sich auch dort. Das Recht, unsere Anwälte zu sehen, wann wir wollten, und mit ihnen so lange zu reden, wie wir wollten, hatte man uns genommen. Die jetzt inhaftierten Kollegen durften nur noch einmal in der Woche für eine Stunde ihren Anwalt sprechen. Familienbesuch war von einer Stunde wöchentlich auf einmal alle zwei Wochen reduziert worden. Ebenso das Recht zu telefonieren. Briefe zu bekommen und Briefe zu schreiben, war verboten worden. Als ich gefangen war, konnte ich Artikel schreiben, konnte mich an die Welt wenden, das war jetzt unmöglich. Als ich etwa den bekannten Schriftsteller, Journalisten und Herausgeber der Zeitung *Taraf* Ahmet Altan über seine Tochter für die Türkei-Sendung von *Aspekte* um einen Text bat, ließ er mir ausrichten: »Er soll schweigen. Das ist meine Botschaft.« Es war der stumme Aufschrei eines Autors. So weit war es gekommen. Im Studio »verlas« ich Ahmets Botschaft in Form einer Schweigeminute, zuvor bat ich die Zuschauer, an die im Gefängnis zum Schweigen gebrachten Schriftsteller und Journalisten zu denken. Silivri, wo sich die Haftanstalt für politische Gefangene befindet, war zum Bezirk mit der höchsten Alphabetisierungsrate der Türkei geworden, die Bücher, die dort zurzeit Inhaftierte geschrieben hatten, standen in der Gefängnisbibliothek, wurden ihnen aber nicht ausgehändigt. Bitterer noch war, dass die Höfe hinter den Zellen, der einzige Ort, von dem aus die Gefangenen den Himmel sehen konnten, vergittert worden waren, um Kommunikation unmöglich zu machen. In seinem berühmten Gedicht schrieb Sabahattin Ali: *Auch wenn du das Meer nicht siehst / Heb den Kopf / Der Himmel ist wie das Meer / Nimm es nicht schwer, Herz, nimm es nicht schwer.*[19] Hoben sie jetzt den Kopf, sahen sie nur einen vergitterten Himmel.

In einer tauben Zelle aus Beton hatte man die politischen Gefangenen stumm gemacht.
Zurückzugehen bedeutete nicht bloß, eingekerkert zu werden, sondern auch Verstummen.
Ich fasste meinen Entschluss:
Ich bleibe und rede. Ich werde jenen eine Stimme sein, die nicht reden können.

Am nächsten Tag sah ich in den Nachrichten, wie Akın beim Ausstieg aus dem Flugzeug abgeführt wurde.
Er war wegen »Fluchtgefahr« verhaftet worden.

Akın Atalay bei seiner Verhaftung am Flughafen in Istanbul.

22

GAUCK

Kommt man zum Termin beim Bundespräsidenten etwa zu spät?
Ich kam zu spät.
Zur vereinbarten Uhrzeit war ich erst an der Außentür von Schloss Bellevue. Hektisch befreite ich mich von meinem Mantel; als ich das Schloss betrat, empfing mich Blitzlichtgewitter. Unter dem weißen Geblitze etlicher Kameras führte mich ein Angestellter des Protokolls an einen Tisch. Vor mir lag aufgeschlagen das Gästebuch, es wurde erwartet, dass ich mich mit dem bereitliegenden Stift eintrug.
Schwitzend setzte ich auf die Seite, was mir als Erstes durch den Kopf ging.
Kurz darauf ging die Tür auf, herein kamen Bundespräsident Joachim Gauck und seine Lebensgefährtin Daniela Schadt. Wir schüttelten uns die Hände und posierten für die Journalisten.
Da beugte sich eine andere Kollegin von mir, nämlich Frau Schadt, zu mir und flüsterte mir ins Ohr: »Wie schade, dass wir Ihre Gattin nicht mit Ihnen gemeinsam empfangen können!«
Das war in der Tat bedauerlich.
Ich hatte das im Gefängnis geschriebene Buch dabei, bereits

Can Dündar mit Joachim Gauck und Daniela Schadt im Schloss Bellevue.

signiert für den Bundespräsidenten. Er war so freundlich, sich damit fotografieren zu lassen. Anschließend zogen wir uns zum Gespräch zurück.

Nach dem Überfall auf die *Cumhuriyet* hatte der Deutschlandvertreter von Reporter ohne Grenzen, Christian Mihr, meine Bitte um ein Gespräch übermittelt. Der Bundespräsident hatte sogleich zugestimmt. Eine Woche später war ich bei ihm im Schloss. Fünf seiner Berater und seine Lebensgefährtin waren bei unserem Gespräch zugegen.
Dieser Empfang auf allerhöchster Ebene war per se eine wichtige Botschaft:
Zuallererst die Botschaft an uns, also die Journalisten, die sich für Pressefreiheit einsetzen: »Ihr seid nicht allein.«
Dann die Botschaft an die türkische Regierung: »Wir wissen, dass die Menschen, die Sie als Terroristen einstufen, für die Wahrheit und für die Freiheit eintreten.«

Und vielleicht auch eine Botschaft an die deutsche Regierung: »Schaut nicht zu, wenn universale Werte mit Füßen getreten werden!«

Vor dem Besuch hatte ich Gaucks Biographie studiert. Die Vermutung lag nahe, dass sein Interesse nicht allein politisch motiviert war, sondern ebenso persönlich. Aufgrund seiner Herkunft und aus seiner Familiengeschichte wusste er, was ein repressives Regime bedeutet. Er hatte selbst unter einem solchen Regime gelebt. Sein Vater war wegen Spionage verurteilt, misshandelt und in die Verbannung geschickt worden. Ihn selbst hatte in der DDR lange die Stasi verfolgt.

Nach dem Fall der Mauer hatte er erlebt, wie das Regime der Unterdrückung an einem einzigen Tag fiel, später öffnete er die Stasi-Archive der Öffentlichkeit und deckte von der Polizei begangene Verbrechen auf.

Nun empfing er in seinem Schloss einen Journalisten, der in einem anderen Land wegen Spionage angeklagt und inhaftiert worden war, weil er ein staatliches Verbrechen aufgedeckt hatte, und setzte damit ein großes Zeichen der Solidarität.

Zwar ging ich allein in das Gespräch, doch ich spürte, dass mit mir gemeinsam alle einhundertfünfzig in der Türkei inhaftierten Journalisten geladen waren.

Die Mitarbeiter meiner Zeitung, die im Morgengrauen aus ihren Betten heraus verhaftet worden waren, standen gewissermaßen an meiner Seite.

Ebenso all meine Kollegen, die aus verbotenen Fernsehsendern entlassen, aus Radioredaktionen zum Teil an den Haaren hinausgezerrt worden waren.

Und die Funktionäre und Mitarbeiter all der verbotenen Zeitungen, Zeitschriften und Verlage.

Auch die Wissenschaftlerinnen und Wissenschaftler, die von

ihren Universitäten entfernt, verhaftet und eingesperrt worden oder ins Exil gegangen waren, weil sie einen Aufruf für den Frieden unterzeichnet hatten.
Ich sprach in ihrer aller Namen.
Weniger wie ein Politiker, viel eher wie ein Philosoph interessierte sich der Bundespräsident dafür, wie eine demokratiefeindliche Haltung in einer Demokratie Wurzeln schlagen, wie dieser »strukturelle Widerspruch«, diese »Entfremdung« so weit gedeihen kann, dass sie die Demokratie gefährdet.
»Wir würden gern von Ihnen hören, was in der Türkei vor sich geht«, sagte er und gab mir das Wort. Ich berichtete, wie das Stiefkind im fernsten Winkel Europas unter massiver Repression hart für Demokratie, Laizismus, Freiheit und Menschenrechte kämpfte.
Wie die europäischen Regierungen sich in diesem Kampf auf die falsche Seite stellten.
Wie sich die fortschreitende Repression und Polarisierung, die sich ausweitende Auseinandersetzung in der Türkei um ein Vielfaches gesteigert auf Europa auswirkten.
Dass es nicht nur ein Verlust für die Türkei wäre, wenn das einzige Beispiel einer laizistischen Demokratie in der islamischen Welt zugrunde ginge.

Vermutlich versetzte mein Bericht den Bundespräsidenten auf eine Reise in seine ostdeutsche Vergangenheit und rief ihm die harsche Unterdrückung, die er seinerzeit im eigenen Land erlebt hatte, die schwierigen Kämpfe der Bürger und wohl auch seine Familie ins Gedächtnis.
Vielleicht dehnte er deshalb das Gespräch aus, obwohl seine Assistenten längst höflich an die Zeit erinnerten.
Nach anderthalb Stunden sagte er: »Ich hätte gern noch mehr

gehört.« Als er sich verabschiedete, trug er mir Grüße an meine Frau und die inhaftierten Journalisten- und Schriftstellerfreunde auf.

Als ich Schloss Bellevue verließ, fühlte ich mich, als hätte ich soeben nicht mit einem Staatspräsidenten gesprochen, sondern mit einem Leidensgenossen, der Drangsalierung, Repressalien, Zensur genau kannte, der dagegen kämpfte und all jene wertschätzte, die ebenfalls diesen Kampf führten.
Wieder einmal war ich überzeugt, dass auch die Türkei diese finstere Phase überwinden würde.
Eine Mauer, die Kummer und Leid barg und für unverrückbar gehalten wurde, konnte eines Tages fallen, sogenannte »Verräter« konnten auf einen Schlag mit »Helden« die Plätze tauschen und jene, die hinter Gittern saßen, mit jenen, die in Palästen residierten.
Auch wir werden erleben, dass unsere Mauer fällt, dass die Archive der Geheimpolizei, die uns verfolgt, der Allgemeinheit geöffnet werden; jenen, die leiden, müssen wir Hoffnung machen und ihnen frühere Beispiele vor Augen führen.

Am Abend nach dem Treffen in Schloss Bellevue nahm ich neben Martin Schulz, der in seiner Dankesrede rühmende Worte auch über uns sprach, die »Goldene Victoria« des Verbands Deutscher Zeitschriftenverleger VDZ entgegen.
Bei der Zeremonie wechselte ich mit dem damaligen Außenminister Frank-Walter Steinmeier ein paar Worte über die Türkei und Erdoğan. Ohne es zu ahnen, sprach ich am selben Tag mit dem amtierenden Bundespräsidenten und seinem Nachfolger im Abstand von nur einer Stunde.

Noch in der Nacht flog ich nach Frankreich. Am folgenden Tag empfing mich die Bürgermeisterin von Paris, Anne Hidalgo, im Stadtrat und verlieh mir die Ehrenbürgerwürde. »Ihr Engagement findet hier ein Echo, wir unterstützen Sie«, erklärte sie. Anschließend erinnerte sie, damit es mir in schwierigen Zeiten im Ohr sei, an das lateinische Motto im Pariser Stadtwappen, das auf ein Schiff anspielt:
Fluctuat nec mergitur.
Sie schwankt, geht aber nicht unter.
Genau wie die *Cumhuriyet.*

23

DIE FAHNE

Der Protest aus dem türkischen Präsidentenpalast gegen das Treffen in Schloss Bellevue ließ nicht lange auf sich warten. »Es ist ein Skandal, dass der deutsche Bundespräsident einen wegen Terrorismus Angeklagten in seinem Amtssitz empfängt«, schnaubte Erdoğan.

Das war das Kommando: »Attacke!« Das von ihm befehligte Heer der Trolle und die loyalen Medien gingen sogleich zum Angriff über. Ich hatte mich inzwischen daran gewöhnt, dass auf Applaus stets Buhrufe folgten. Allerdings war der Preis für den Applaus diesmal hoch.

Am Tag nach dem Treffen, am 8. November, machten die Zeitungen der Regierungsseite mit folgenden Schlagzeilen auf: »Gauck empfing den Landesverräter«, »Wegen Spionage Angeklagter im deutschen Präsidentenpalast«, »Verleiht ihm noch den Großen Verdienstorden!«

In der Zeitung *Star* schrieb ein Kolumnist: »Das ist jetzt eine Sache des Geheimdienstes. Wie damals Öcalan gefasst und in die Türkei gebracht wurde, wird auch Can Dündar in einer geheimdienstlichen Operation hergebracht und vor Gericht gestellt werden.« Ein anderer verstieg sich gar zu der Frage: »Findet sich denn in Europa kein Held, der die Sache erledigt?«

Die eigentlich interessante Schlagzeile aber stand in der Zeitung *Akşam*:
»Can Dündar hüllt sich in die US-Fahne«.
Auf dem zugehörigen Foto in der Zeitung schlief jemand in eine amerikanische Fahne gehüllt auf einer Ledercouch.

Can Dündar unter der amerikanischen Flagge.

In der Tat, das war ich.

Wie ein Lauffeuer verbreitete sich das Foto im Internet und wurde mit allen möglichen Kommentaren versehen. Nun sei mein wahres Gesicht enthüllt, das Foto belege, welchem Land ich dienen würde. Ich war ein derart treudoofer Agent, dass ich mich mit der Fahne des Landes, für das ich tätig war, zudeckte.

Andere verteidigten mich, meinten, es handele sich um eine Fotomontage, aber auch sie waren verwirrt. Was hatte etwa die *Enzyklopädie Sozialismus und Soziale Kämpfe*[20] neben dem Sofa zu bedeuten? Ein regimenaher Akademiker publizierte gar eine ernstgemeinte ausführliche Analyse, darin schrieb er Dinge wie: »Es mag paradox erscheinen, dass beide Pole des Kalten Krieges auf einem Foto zusammenfinden, tatsächlich aber haben beide zum Ziel, die Türkei von ihren eigenen Werten zu entfremden.«

Was hatte es nun aber tatsächlich mit dem Foto auf sich?

Warum hatte ich mich in die US-Fahne gehüllt?

Vor ein paar Jahren drehten wir einen Dokumentarfilm über Deniz Gezmiş, den legendären türkischen Studentenführer der 68er-Bewegung. Schlaflos hockten wir tagelang – mit unseren Büchern über die Geschichte des Sozialismus – im Produktionsstudio meines Freundes, der Regie führte, und bastelten an dem Film. Eine der ersten politischen Aktionen, die Deniz und seine Freunde durchgeführt hatten, war der Protest gegen die US-Flotte, die 1968 auf Türkei-Besuch kam. Auf dem Istanbuler Taksim-Platz verbrannten die Studenten eine amerikanische Fahne und warfen anschließend an Land gehende US-Soldaten ins Meer. Symbolisch für diese Szene hatten wir eine US-Fahne besorgt. Wir wollten sie für den Film anzünden und mit diesem Bild im Hintergrund von

der damaligen Aktion berichten. In der Nacht vor den Dreharbeiten war ich nach langen Stunden des Schneidens im Büro eingeschlafen. Mein Freund der Regisseur breitete – als einzige in den Räumen vorhandene »Wolldecke« – die Fahne, die wir am Morgen verbrennen wollten, über mich und machte zum Spaß ein Foto davon.
Dass nun die regimetreuen Medien aus der zum Verbrennen bestimmten Fahne ein Szenario machten, war die komische Seite an der Sache.
Die erschreckende aber war folgende:
Das Foto war auf meinem alten Handy gespeichert, das die Polizisten bei der Hausdurchsuchung mitgenommen hatten. Auf Erdoğans Fingerzeig hin hatte die Polizei noch am selben Tag die Aufnahme von meinem Handy der hörigen Presse serviert.
Sie waren zu allen möglichen Untaten imstande, davon wurde ich an jenem Tag einmal mehr überzeugt.

Das hatte Folgen. Eine Woche darauf musste ich feststellen, dass meine Kolumne nicht in der *Cumhuriyet* erschienen war. Ich wurde misstrauisch. Denn das war in der türkischen Pressegeschichte noch nie ein gutes Zeichen. Wer dort, wo die Kolumne hätte stehen sollen, den Satz »Der Artikel konnte aufgrund einer technischen Störung nicht erscheinen« vorfand, wusste, dass es sich nicht um eine technische, sondern um eine politische Störung handelte.
Am 18. November sollte ich in Darmstadt den Hermann-Kesten-Preis des deutschen PEN-Zentrums aus den Händen von *Tagesthemen*-Moderator Thomas Roth entgegennehmen. Der Schriftsteller Hermann Kesten hatte während des Nationalsozialismus sein Land verlassen müssen und lange Jahre

im Exil gelebt. Und das PEN-Zentrum bot Autoren im Exil Zuflucht.
Als mein Wagen bei dem Hotel vorfuhr, in dem die Verleihung stattfinden sollte, rief Dilek an und unterrichtete mich über den tatsächlichen Grund, aus dem meine Kolumne nicht gedruckt worden war.
Gemeinsam mit der Polizei, die das Foto weitergegeben hatte, war auch der Staatsanwalt tätig geworden und hatte einem der Funktionäre der Zeitung gegenüber, der wegen einer Aussage bei einer Anhörung vor ihm saß, in Bezug auf mich geäußert: »Er ist zur Fahndung ausgeschrieben. Warum lassen Sie ihn weiter bei sich schreiben?«
Normalerweise hätte die Antwort gelautet: »Was geht Sie das an?«, doch dies waren keine normalen Zeiten. Unsere Kollegen saßen hinter Gittern, waren gewissermaßen zu Geiseln geworden. Ganz abgesehen von den Inhalten störte die Regierung, dass ich überhaupt noch schrieb. Und dass sie sich gestört fühlte, bedeutete, dass sie unsere Leute nicht in Ruhe lassen würde. Einige Anwälte hatten sich dahingehend geäußert, dass es besser wäre, wenn ich eine Weile nicht schriebe.
Ich hatte mich jedem Druck widersetzt und niemals zu einem unserer Autoren gesagt: »Schreib nicht!« Nicht einmal zu jenen, die glaubten, mich hinterrücks belehren zu müssen. Jetzt, nachdem ich mich so lange für die Freiheit eingesetzt hatte, – zum Schutz der inhaftierten Kollegen – nicht mehr in der Zeitung schreiben zu dürfen, deren Chefredakteur ich bis vor drei Monaten gewesen war, versetzte mir einen herben Schlag. Normalerweise hätte ich unverzüglich kündigen müssen. Doch mitten im Sturm wäre eine solche Kündigung anders ausgelegt worden und hätte der Zeitung, mir selbst und den Kollegen im Gefängnis nur geschadet.

Mir blieb nichts anderes übrig, als es still hinzunehmen.
Ich schwieg.
Das Heft *Cumhuriyet*, das ich einst mit einem Paukenschlag aufgeschlagen hatte, schloss sich auf diese Weise sang- und klanglos. Dennoch würde ich mich weiter für die Zeitung einsetzen.

Das war noch nicht alles, mir wurde höflich mitgeteilt, es wäre besser, wenn ich nicht zur Verleihung des Alternativen Nobelpreises fahren würde, den die Zeitung aufgrund ihrer jüngsten journalistischen Erfolge und der Entschiedenheit, mit der sie sich für die Wahrheit einsetzte, erhielt. Es hieß, möglicherweise werde es nicht gut aufgenommen, wenn ein polizeilich Gesuchter die Zeitung dort repräsentierte.
»Wie ihr wollt«, sagte ich und zog mich zurück.

Es ging noch weiter, am selben Tag, am 18. November also, erklärte mir mein türkischer Verleger per Mail, er könne mein neues Buch nicht drucken. Es liefe eine Kampagne für das Verbot meiner Bücher, man schicke Leute in die Buchhandlungen, die meine Bücher aus den Regalen nehmen ließen. Unter diesen Umständen wäre es »riskant«, mein Buch zu drucken. »Sie versuchen, dich zu isolieren«, schrieb er, ohne zu merken, dass er mit diesem Schreiben in genau diesen Chor einstimmte. Auch dafür zeigte ich natürlich bitteres Verständnis.

An dem Abend, da ich wegen dem, was ich geschrieben hatte, meine Zeitung und meinen Verlag verlor, war ich unterwegs, um einen Preis entgegenzunehmen, der mir gerade wegen dem, was ich schrieb, verliehen wurde.

In die Feier in Darmstadt ging ich mit einem bitteren Lächeln auf den Lippen.
In meiner Dankesrede sprach ich von einer Wunde, die schmerzt, wenn man die Narbe aufkratzt:

> Finsternis und Dummheit geben den Massen, die sie hinter sich herrennen lassen, das Gefühl, im Aufwind zu sein, während sie sie in den Abgrund stürzen.
> Aufgabe des Schriftstellers ist es, zu jenen, die sich mit Triumphgeheul hinabstürzen, vom Abgrund zu sprechen.
> Das ist wahrlich nicht einfach.
> Denn Dummheit macht blind.
> Und Finsternis dient vor allem dazu, die Wahrheit zu verbergen.
> Der Schriftsteller hebt mit dem, was er schreibt, den Vorhang von der Dunkelheit, als hebe er die Kruste von einer Wunde. Er tut den Menschen weh, er reißt ihre Wunden auf.
> ›Der Wind, von dem ihr glaubt, dass er euch fliegen lässt, stürzt euch in den Abgrund‹, ruft er.
> Deshalb ist er nicht sonderlich beliebt.
> Den Wert seiner Worte erkennt man erst am Boden des Abgrunds.
> Die meisten Schriftsteller haben nicht mehr erlebt, dass ihre Worte wertgeschätzt werden.
> Meine Freunde und Kollegen, die der Türkei von dem Abgrund künden, in den sie im Begriff ist zu stürzen, sitzen heute im Gefängnis.
> Sie wurden verhaftet, weil sie gegen Finsternis und Dummheit zu Felde zogen – von den Wächtern der Finsternis und Dummheit.

Sie wurden der Finsternis überantwortet.
Derzeit ist ihnen verboten, sich in der Welt Gehör zu verschaffen.
Es ist ihnen verboten, zu schreiben, zu reden, Botschaften zu senden.
Und jene, die sie zum Schweigen zwingen, erzählen den Menschen unablässig: ›Ihr habt Aufwind!‹ Und die Menschen rennen in Massen auf den Abgrund zu.
Tief hinein in Dummheit und Finsternis.
Wenn Sie im Dunkeln gegen die Wächter der Finsternis kämpfen, müssen Sie sich darauf gefasst machen, teuer dafür zu bezahlen, dass Sie es wagten, ein Licht anzuzünden. Jetzt zahlen wir diesen Preis, verlieren bald unsere Arbeit, bald unsere Lebensgefährten, unser Land, unsere Freiheit.
Doch wir wissen, dass Finsternis und Dummheit nicht zu besiegen sind, ohne einen Preis dafür zu bezahlen. Deshalb klagen wir nicht, sondern kämpfen.
Einhundertfünfzig Journalisten und Schriftsteller sitzen im Gefängnis, die versucht haben, die Türkei vom Abgrund zu unterrichten, die sich bemüht haben, die Windrichtung zu ändern.
Diesen Preis nehme ich in ihrem Namen entgegen.
Ich weiß, dass jede Nacht zwischen zwei Tagen liegt.
Ich glaube an das Licht.

Mitten in der Rede bebte zum ersten Mal meine Stimme, ich konnte nicht weitersprechen, bekam die Sätze nicht zusammen. Ich schluckte und hielt inne.
Das Publikum schob es auf meine Sentimentalität.
Dabei war es aus Wehmut.

Auf der Rückfahrt am nächsten Morgen im Zug sprach ich mit Dilek.
Der Termin für die Zinstilgung des Kredits für unser Haus in Istanbul stand bevor. Die Bank drängelte. Wir hatten kein Geld. Selbst wenn ich das gesamte Geld schickte, das ich für all die Auszeichnungen erhalten und in den drei Monaten in Deutschland verdient hatte, würde es nicht einmal die Hälfte der fälligen Zinsen abdecken. Die Zeitung oder den Verlag konnte ich nicht um einen Kredit bitten.
»Sollen wir das Haus verkaufen?«
»Dem Grundbuchamt wurde vermutlich gedroht, sie werden den Verkauf nicht gestatten. Außerdem ist unklar, ob sie das Haus nicht vielleicht beschlagnahmen. Ich könnte es vermieten und in eine kleinere Wohnung ziehen.«
»Ruf doch mal … an, vielleicht gibt er uns einen Kredit?«
»Vor kurzem habe ich ihn angerufen, er ist nicht rangegangen.«
»Sei nicht traurig. Das geht vorüber. Wir fangen ganz neu an.«
»Ich habe keine Kraft mehr …«, sagte sie und legte auf, weil sie nicht weitersprechen konnte.
Mir war, als rannen ihre Tränen aus dem Hörer mir unmittelbar ins Herz.
Ich rief zurück, doch sie nahm nicht ab.
Ich musste ihr Kraft geben, nur wie? Auch bei mir war kaum noch etwas übrig.

Draußen vor dem Zugfenster rauschte Deutschland vorüber. Fern, fremd, gleichgültig und kalt.
Ich setzte Kopfhörer auf und suchte in meinem Handy das Lied eines alten, im Exil verstorbenen Freundes. Als ich ihm lauschte, löste sich der Kloß in meiner Kehle.

Von Kopf bis Fuß in Staub gehüllt
Vor mir hinter mir von Dunst verhüllt
Mein Bart verdreckt und verfilzt
Woher sollt ihr denn wissen
Wie sehr mir das Herz brennt.

Ein Spross war ich, wurde abgeknickt
Sturm war ich, wurde ausgebremst
Müde bin ich, so müde
Woher sollt ihr denn wissen
Welche Qualen ich leide.

Mauern aus Stein riss ich ein und kam her
Eisenstangen riss ich aus und kam her
Mein Leben verbrannte ich und kam her, hey
Woher sollt ihr denn wissen
Warum ich floh.[21]

24

USA

Die regierungsnahen Medien übertrafen einander in Vermutungen, ob ich nun amerikanischer oder deutscher Agent sei, ich flog unterdessen nach New York, um die Auszeichnung des Komitees zum Schutz von Journalisten (CPJ) entgegenzunehmen.

Wohl zum ersten Mal fühlte ich mich derart unglücklich. Ein tiefes Gefühl von Einsamkeit, wie ich es nicht einmal in der Zelle, in Isolationshaft, verspürt hatte, ließ mich nicht los.

Immer hatte ich auf Flughäfen Mitbringsel besorgt, nun hatte ich niemanden mehr, den ich hätte beschenken können. Einsamkeit war, wohin ich flog, ebenso wie dort, wohin ich zurückkehren würde.

Mein Land war fern, meine Stimme reichte nicht bis dorthin, ebenso wenig erreichten mich Stimmen von dort. Alle Stimmen, die mich erreichten, waren fremd.

In dem Film, den ich im Flugzeug schaute, *Papa: Hemingway in Cuba*, sagt Ernest Hemingway zu seinem jungen Bewunderer: »Der einzige Wert, den wir als Mensch besitzen, sind die Risiken, die wir bereit sind, auf uns zu nehmen.«

Nach dieser Rechnung musste ich eine Menge Wert produziert haben.

Ich hatte mir doch schon beigebracht, die Hasskampagnen der regimetreuen Medien und die inszenierten Shitstorms in den sozialen Medien zu ignorieren. Anfangs hatten sie Stunden nachgewirkt. Bald reduzierte sich das auf Minuten. Irgendwann las ich sie gar nicht mehr.

Ich hatte einen Grundsatz verinnerlicht:

»Nimm nur Menschen für wichtig, die du schätzt. Der Rest ist egal.«

Nun aber waren die Zweige, die ich schätzte, abgebrochen. Ich verlor Blätter.

Wo jetzt das Flugzeug landete, erwartete mich ein ganz eigener Sturm.

Donald Trump war erst kurz zuvor gewählt worden. Nicht bloß Amerika, die ganze Welt war perplex. Das Chaos, das im Juni London und im Juli Istanbul erschüttert hatte, herrschte im November in New York.

Mir war, als hätte sich über mir eine dunkle Wolke festgesetzt, die mich begleitete, wohin ich auch ging.

In einem Epochenbeben gab es überall in der Gesellschaft Verwerfungen, eine innerlich aufgestaute Energie erschütterte die unglückselige Welt.

Eine ausgrenzende Arroganz, die den über Jahrhunderte von der Menschheit angehäuften Werten den Rücken kehrte, eine egoistische Dreistigkeit, eine vor lauter Machtgeilheit übergeschnappte Flegelhaftigkeit, eine achselzuckende Macht, die keinen Gott außer dem Geld kannte, ein blindwütiger Hass machten sich die Panik der unorganisierten Massen vor dem Verlust ihrer Arbeit und ihres Lebens zunutze und griffen nach der ganzen Welt.

Die Macht der Mediokratie.

Die Herrschaft der Dummheit.

Ein sadomasochistisches Verhältnis zwischen Bevölkerung und Führung.
Die Gesinnung, die mein Land gefangen hielt, trat mir auch in New York entgegen.
Grinste mir ins Gesicht: »Der Tumor, vor dem du fliehst, hat in alle Richtungen gestreut.«
Aus Angst hatte die Menschheit sich in ihren Mörder vergafft.
Nun würde sie ihn eine Weile ausprobieren, würde sich getäuscht sehen, leiden, bereuen und umkehren; doch wer weiß, wie viele Jahre unseres Lebens das Pendel uns dann gekostet haben würde.

Vereinte Nationen, Columbia School of Journalism, *New York Times*, CNN, Reuters – in jedem Gebäude, auf der Zunge jedes Amerikaners, mit dem ich sprach, lagen die fassungslosen Fragen, die wir uns in den letzten fünfzehn Jahren in der Türkei so oft gestellt hatten:
»Wie kann das sein?
Warum ist das passiert?
Was soll jetzt werden?«
Zu Christiane Amanpour konnte ich in ihrer Sendung auf CNN sagen: »Willkommen im Club!« Nun war die Reihe an ihnen, um die längst sicher geglaubte Pressefreiheit zu kämpfen.

Das Schönste an New York war, dass ich dort Ege traf. Ich hatte mir sehr gewünscht, dass er bei der Preisverleihung dabei sein würde, und so kam er. Da die türkische Regierung es auch auf meine Angehörigen abgesehen hatte, konnte auch er, genau wie ich, nicht in sein Land, nach Hause, konnte seine

Can Dündar mit seinem Sohn Ege in New York.

Mutter nicht sehen. Weniger wie Vater und Sohn, vielmehr wie zwei Freunde, die gemeinsamen Kummer teilen, klagten wir uns in Amerika unser Leid.

In einem Brief hatte er mir damals ins Gefängnis geschrieben: »Wenn du rauskommst, löffeln wir wieder Nutella, gucken Fußball, schütten uns das Herz aus, wachsen gemeinsam. Vielleicht jagen wir sogar brutal einen altmodischen Cadillac über den staubigen Highway 61 …« Wir hatten oft davon geträumt, BB King aufzulegen und wie zwei Cowboys tief ins Land hineinzufahren.

Jetzt war es so weit.
Ich schaufelte in dem dichtgedrängten Programm einen Tag frei, und wir nahmen uns vor, ein Auto zu mieten. Dann … sahen wir die Preise. Wir versicherten uns gegenseitig, es sei eine viel bessere Idee, das Metropolitan Museum zu besuchen; kein Wort davon, dass wir uns die Reise nicht leisten konnten. Als das Geld für die Lackschuhe zum gemieteten Smoking für den Abend der Preisverleihung nicht gereicht hatte, hatten wir ja auch die Ausrede bemüht: »Unsere Schuhe sind doch viel protziger!«
Als es von den Gästen des CPJ im Prachtsaal des Waldorf Astoria Standing Ovations gab für die *Cumhuriyet* mit dem Titel »Wir geben nicht auf«, die ich in der Hand hatte, linsten wir gegenseitig auf unsere Schuhe und zwinkerten uns zu.

Bei der Preisverleihung des International Press Freedom Awards in New York.

Dilek konnte weder zu meiner Preisverleihung in New York kommen noch zu Eges Diplomfeier in London. Beide verfolgte sie über das Internet. Den glücklichsten Tag ihres Sohnes, auf den sie jahrelang gewartet hatte, mit feuchten Augen bei Übertragungsstörungen aus der Ferne zu verfolgen und Küsse nur über die Fingerspitzen senden zu können, fiel ihr wahnsinnig schwer, ich weiß.

All das stand mit auf der Rechnung für unseren Kampf um Demokratie.

25

ANGST

Am 24. November 2016 sprach das Europäische Parlament die Empfehlung aus, die Beitrittsverhandlungen mit der Türkei vorübergehend einzufrieren. Ich hatte mich von Anfang an dagegen ausgesprochen. Bei allen Fraktionen im Parlament war ich deshalb vorstellig geworden und hatte versucht darzulegen, dass ein solcher Beschluss Erdoğan nur nützen, die Türkei aber erst recht isolieren würde.

Doch das Parlament war entschlossen.

Am 26. November attackierte Erdoğan Europa. Und er nutzte die Gelegenheit, um auch an mich einen Seitenhieb auszuteilen:

> Ein Terroristen-Kolumnisten-Schlappschwanz wird zu fünf Jahren und zehn Monaten Haft verurteilt. Er kommt auf freien Fuß, während der Prozess weiterläuft, da flüchtet er nach Deutschland. In Deutschland empfängt ihn der deutsche Bundespräsident. Was soll man denn davon halten? Dann vergleicht er bei Reden in England und im Europäischen Parlament die Türkei mit einem Freiluftgefängnis, einer Hölle für Journalisten. Was soll das für ein Gefängnis sein, wenn du daraus geflüchtet bist? Das heißt doch, es gibt Recht und Gesetz in diesem Land, dass man dich

> freilässt. Warum bist du davongelaufen? Du hättest hierbleiben können. Eine Frage des Charakters eben.
>
> Mich hat er in seiner Zeitung als ›Diktator‹ tituliert. Könntest du fliehen aus einem Land, in dem es einen Diktator gibt? Wie bist du davongelaufen? In welchen Kerkern würdest du wohl stecken, wenn es in diesem Land einen Diktator gäbe?
>
> So ist der Westen. Jetzt nähren sie diese Leute an ihrer Brust. Glauben, sie könnten sie hierhin und dorthin schicken und Reden halten lassen, die die Türkei verändern.

Es war der Jahrestag meiner Inhaftierung.

Genau ein Jahr war es her, doch Erdoğans Hass hatte sich nicht gelegt. Das Attribut »Diktator« konnte er nicht verknusen. In dem einen Jahr, das verstrichen war, seit er gesagt hatte: »Er wird teuer für den Bericht bezahlen«, hatte ich der Reihe nach meine Freiheit, mein Land, meine Frau, mein Haus, meine Arbeit verloren. Einem von ihm ermutigten Anschlag auf mein Leben war ich nur knapp entgangen. Doch all das genügte ihm nicht.

Am selben Tag machte das Amt für Presse und Publikationen meinen Presseausweis, den ich seit fünfunddreißig Jahren besaß, aus Gründen »der nationalen Sicherheit« ungültig.

Ebenfalls am selben Tag erschien in der Presse der Brief eines Mafiabosses, den er aus dem Gefängnis an den deutschen Botschafter in Ankara geschickt hatte: »Können Sie diesen Landesverräter schützen, dem Sie Ihre Arme geöffnet haben? Wenn er nicht vernünftig ist, hat er nirgendwo in Europa Glück.« Er deutete an, für das Attentat, das vor dem Gericht auf mich verübt worden war, verantwortlich zu sein. Und die Regierung, die den inhaftierten Journalisten jeden Briefwechsel verboten hatte, stellte dieses Schreiben dem Adressaten auf dem Dienstweg zu.

Sie hatten das Zeichen gegeben. Ich war im Visier. Und ich war allein.

Mir wurde klar, dass ich mit lautem Reden und Schreiben im Finstern, ohne zu wissen, ob meine Worte irgendwen erreichten, mich selbst, meine Familie, meine Zeitung, alle, die mir nahestehen, gefährdete, und ich begann mich zu fragen, ob meine Aktivitäten lediglich hilfloses Gezappel waren.

Alle engen Freunde ermahnten mich, auf mich aufzupassen und Vorkehrungen zu treffen. Einer schlug sogar verzweifelt vor: »Versuch doch, dich über einen Vermittler mit Erdoğan zu versöhnen.« Das Komitee zum Schutz von Journalisten CPJ empfahl mir, nach Amerika überzusiedeln. Ich stand an einem Scheideweg – sollte ich mich in einen Winkel verdrücken oder voranpreschen?

Fotomontage, die Can Dündar als Fetullah-Gülen-Anhänger darstellt.

Almanya, yıllarca kanlı terör örgütleri PKK ve DHKP-C'ye destek çıktı. Şimdi de FETÖ için kolları sıvadı. Önce teröristbaşı Gülen'in hakim ve savcılarına kucak açtı. Bu da yetmezmiş gibi hakkında yakalama emri bulunan Can Dündar'a geçici pasaport vererek himayesine aldı

ALMANCAN

DÜNDAR Berlin'de görüntülendi

■ **HAKKINDA yakalama emri bulunan Can Dündar, Almanya'da bir bankta otururken fotoğraflandı. Dündar'ın telefonundan haberleri takip etmesi dikkatlerden kaçmadı.**

CUMUHRİYET gazetesinin ekseni kaydı! Can Dündar'ın Genel Yayın Yönetmeni koltuğuna oturmasının ardından değişim başladı! Gazete, Fetullahçı Terör Örgütü (FETÖ) ve PKK'yı meşru gösteren yayınlar yaptı. **FETÖ'nün MİT kumpası, manşete taşındı.** FETÖ'nün hakim ve savcılarıyla bir araya gelen Can Dündar, FETÖ'cülerin açıklamalarına geniş yer ayırdı. PKK'lı teröristler de **'çevreci gençler'** diye tanıtıldı! Savcılık ise FETÖ ve PKK propagandasına çanak tutan gazete hakkında soruşturma başlattı. Dündar, Almanya'ya kaçarken, Cumhuriyet gazetesine **"terör baskını"** yapıldı.

FETÖ'CÜLERİ İADE ETMEDİ

Hakkında yakalama emri çıkartılan Can Dündar'dan boşalan koltuğa oturan Cumhuriyet'in yeni **Genel Yayın Yönetmeni Murat Sabuncu**'nun da aralarında bulunduğu **13 kişi,** "PKK ve FETÖ adına suç işlemek"ten gözaltına alındı. **Bu gelişmenin ardından Türk düşmanları ayağa kalktı.** Yıllarca PKK ve uzantılarına destek veren **Almanya, bu kez FETÖ için** kolları sıvadı. FETÖ'nün firari savcıları **Celal Kara ve Zekeriya Öz**'ü Türkiye'ye iade etmeyeceğini açıklayan Almanya, Cumhuriyet'e yapılan terör operasyonunu ise "İfade özgürlüğü" kılıfıyla eleştirmeye çalıştı. Ancak kirli oyun bunlarla sınırlı kalmadı. Türkiye karşıtı her taşın altından çıkan Almanya, şimdi de hakkında yakalama emri bulunan Can Dündar'ı himayesine aldı.

SEYAHAT ENGELİ BULUNMUYOR

Almanya'nın Cumhuriyet gazetesinin eski Genel Yayın Yönetmeni Can Dündar'**a geçici** pasaport verdiği açıklandı. Böylece Almanya, Dündar'ın, **Türk pasaportu iptal edilse bile,** yasal bir şekilde ülkede kalabilmesine ve yurt dışına seyahat edebilmesine imkan sağladı. Alman makamları tarafından yalnızca istisnai durumlarda verilen geçici pasaport, **"yabancılar için seyahat belgesi"** olarak biliniyor. Gri kaplı pasaport, Almanya'da "yedek kimlik" olarak da kullanılabiliyor.

Cumhuriyet asırlık kuralını FETÖ için esnetti

■ **FETÖ** ve PKK'yı meşru gösteren Cumhuriyet gazetesine yönelik operasyonun perde arkasında **"Cumhuriyet Vakfı seçiminde usulsüzlük yapıldığı"** iddiası da vardı. Cumhuriyet Vakfı Kurucu Yönetim Kurulu üyesi olduğu halde yönetimden uzaklaştırılan **Alev Coşkun**, Cumhuriyet'in nasıl adım adım Fetullahçı yapılanmaya teslim edildiğini şu sözlerle anlattı: **"23-24 Mayıs 2015 tarihli** Cumhuriyet gazetesi **baskıları çok önemli. Cumhuriyet'in bir temel ilkesi var.** Baş sayfasında Cumhuriyet logosunun üzerinde asla haber konmaz, dinci tarikatçıların haberleri de asla ilk sayfadan verilmez. Bu kurala rağmen 23 Mayıs'ta gazetenin ilk sayfasında ve Cumhuriyet logosunun yanında FETÖ lideri Fetullah Gülen'in fotoğrafı ile birlikte **'Fakirhaneme bunlar malikane diyor'** sözleri servis edilmiştir. 24 Mayıs baskısında ise aynı şekilde servis edilmiştir. Ayrıca Cumhuriyet gazetesinin 90 yıldır elde ettiği bütün gayrimenkuller satıldı. Örneğin Cumhuriyet Vakfı'nı kuran Berin Nadi'nin, Nadir Nadi ile birlikte oturdukları ve vakfa hibe ettiği daireyi bile sattılar."

Titelseite, die Can Dündar als »deutschen Can« diffamiert.

AmeriCAN

Time en etkili 100 isim arasında Cumhurbaşkanı Erdoğan'ı da gösterdi. Yorumu ise 'FETÖ firarisi' Can Dündar'a yaptırdı!

TIME

İKİYÜZLÜ ABD ve Avrupa yine sahnede! Ünlü Amerikan dergisi TIME, dünyadaki en etkili 100 kişiyi sıraladığı geleneksel **TIME 100** listesinde bir skandala imza attı. Listeye giren Cumhurbaşkanı Erdoğan'ın tanıtım yazısını FETÖ firarisi Can Dündar'a yazdırdı. Bu yıl 14. kez hazırlanan TIME 100 listesi, öncüler, titanlar, sanatçılar, liderler ve ikonlar olmak üzere 5 ayrı kategoride dünyanın en etkili isimlerini belirliyor. **'Liderler' kategorisinde Cumhurbaşkanı Recep Tayyip Erdoğan, Donald Trump, Vladimir Putin,** Papa Francis gibi isimler yer aldı. Üst akıl burada da devreye girdi. Dergi Erdoğan'ın tanıtım yazısını Türkiye'de **casuslukla suçlanan ve hakkında yakalama kararı** bulunan Can Dündar'a yazdırdı. Cumhurbaşkanını eleştiren Dündar, tanıtım yazısında yine

TÜRKİYE'YE İHANET EDİP ALMANYA'YA KAÇTI. AVRUPA ONU KOYACAK YER BULAMIYOR. ÖDÜLDEN ÖDÜLE KOŞUYOR

BADEM GÖZLÜ CAN!

Türkiye'ye ihanet edeni çok seven Avrupa, hain Can Dündar'ı ödüle boğuyor

TÜRKİYE'YE ihanet edip Almanya'ya kaçtı. Konuşup Türkiye'yi karalamaya başlayınca çok sevildi. Cebine geçici Alman pasaportu konularak, Avrupa'da da rahat dolaşması sağlandı. Burs görüntüsü altında cebine para konuldu. Ardından ödüller yağdırılmaya başlandı. İşte FETÖ'nün romantizm imamına verilen ödüller:

1. STRASBURG 17 OCAK 2017 – Avrupa Basın Kulübü'nün Kulüp Ödülü
2. ZÜRİH 08 ARALIK 2016 – Alternatif Nobel diye adlandırılan Doğru Yaşam Ödülü
3. NEW YORK 22 KASIM 2016 – Gazetecileri Koruma Komitesi (CPJ) Basın Özgürlüğü Ödülü
4. DARMSTADT 17 KASIM 2016 – Dünya Yazarlar Birliği (PEN) Hermann Kesten Ödülü
5. BERLİN 7 KASIM 2016 – Alman Dergi Yayıncıları Birliği'nin Altın Victoria Ödülü
6. LEIPZIG 7 EKİM 2016 – Sparkasse Bankası 'Medyanın Özgürlüğü ve Geleceği' ödülü

İki burs bağlandı

Dündar'a Alman Yazarlar Birliği ve Sınır Tanımayan Gazeteciler Örgütü tarafından burs bağlandı

İFTİRALARI İÇİN ÖZEL PLATFORM

İhanet belgeseli ödüle aday oldu

DÜNDAR'IN ZDF televizyonunda yayınlanan yalanlar üzerine kurduğu belgesel Grimmi'ye aday gösterildi. Aynı ödül için 8'i Türk, 10 kişiyi öldüren NSU terör örgütü elebaşları için çekilen üç bölümlük belgesel de aday oldu.

Bu ödülleri kaçırdı

Titelseiten türkischer Zeitungen, auf denen Can Dündar angegriffen wird.

Ich war müde. Müde, von da nach dort zu eilen, in jedes Mikrofon zu sprechen, das man mir hinhielt, unterwegs zu schreiben, den Tag mit der Frage »Wer wird mich heute in welcher Zeitung attackieren?« anzufangen, nachts unter dem Hagel der Beschimpfungen und Beleidigungen in den sozialen Medien einzuschlafen, ständig zwischen meiner Identität als »Kämpfer für die Demokratie« und als »Landesverräter«, zwischen Hasskampagne und Sympathiewelle hin- und herzupendeln, und das alles mit einer Besessenheit, von der ich nicht wusste, ob sie von der Wut über all die Verluste herrührte, von den Gewissensbissen darüber, frei und im Ausland zu sein, oder doch von der Hoffnung, den Kampf am Ende zu gewinnen.
Eine innere Anspannung, die ich zuvor nicht empfunden hatte, schmerzte, als hätte mich bei all dem Herumgerenne ein Dorn in den Fuß gestochen. Mir war, als würde ich umfallen, sobald ich innehielte.
Ich brauchte unbedingt ein wenig Entspannung.
Hatte ich Angst?
Ja.
Angst ist ein menschliches Gefühl. Es ging nicht darum, keine Angst mehr zu haben, sondern vor der Angst nicht zu kapitulieren, sich ihr tapfer entgegenzustellen.
Es ging nicht darum, mich nicht zu grämen, sondern darum, nicht zusammenzubrechen. Und wenn ich doch zusammenbrechen würde, wieder aufstehen zu können.
Gefährlich war nicht, Wasser zu schlucken, sondern vom Wasser verschluckt zu werden.
Nicht zu unterliegen, war nicht der höchste Wert, sondern nicht aufzugeben.
Ich war nicht davongelaufen.

Ich hatte mein Land nicht verlassen, mein Land hatte mich verlassen.

Der zum Aufgeben Bereite, der nach Erdoğans beleidigenden Worten irgendwo in meinem Kopf mahnte: »Sei vorsichtig, zieh dich eine Weile zurück, warte ab!«, war besiegt, der Rebell hatte Kriegsbemalung angelegt, sich sein Kriegsbeil geschnappt und trat nun vor. Hand und Zunge juckten mir, es drängte mich zu reagieren.

Wer andere erschrecken und einschüchtern musste, hatte selbst Angst, das war mir klar. Deshalb würde ich jetzt erst recht und noch viel mehr reden und schreiben.

Ich besprach mich mit Dilek und Ege.

»Ich will ihm eine Antwort verpassen, aber ich fürchte um euch«, sagte ich.

Beide waren mutiger als ich.

Als erteile er einem Sohn einen Rat, sagte Ege: »Das ist ein Marathon. Wer durchhält, gewinnt. Du musst überleben. Aber sag, was du willst, denk nicht an uns.«

Nachdem Dilek die Antwort, die ich formuliert hatte, gelesen hatte, schickte sie eine kurze Nachricht: »Das unterschreibe auch ich.« Mit diesem Gespräch »feierten« wir unseren Hochzeitstag. Wieder einmal war ich stolz auf meine Familie.

Schön und gut, doch wo sollte mein Text erscheinen?

Ich hatte keine Zeitung mehr, ebenso wenig einen Fernsehsender, in dem ich hätte auftreten können.

Ein einziger Kanal war mir verblieben:

Twitter.

Einmal mehr zog ich den Hut vor der unzensierbaren Macht der sozialen Medien und sandte folgende Nachricht an meine vier Millionen Follower:

Es ist genau ein Jahr her. Heute vor einem Jahr, am 26. November, kam ich aufgrund einer Anordnung, die sich später als unrechtmäßig erweisen sollte, an meinem Hochzeitstag ins Gefängnis von Silivri.

Erdem Gül und ich hatten uns nur eines ›zuschulden‹ kommen lassen: Wir hatten unsere berufliche Pflicht getan und einen Bericht geschrieben, die Wahrheit aufgedeckt, das Informationsrecht der Öffentlichkeit verteidigt.

Unser ›Verbrechen‹ war es, eine Straftat aufgedeckt zu haben, die unser Land in Brand setzte. Niemand hat unseren Bericht dementieren können. Wir aber zahlten, wie jene, die uns zur Zielscheibe machten, es in Aussicht gestellt hatten, »hohe Preise« dafür:

Obwohl wir im Recht waren, wurden wir verurteilt, wurden unserer Liebsten beraubt, wurde auf uns geschossen. Dennoch beugten wir uns nicht.

In der Isolation, im Gefängnis, draußen, auf jedem Terrain, überall traten wir für die Wahrheit, für unseren Beruf, unser Recht, unser Land ein.

Wie bereits hinter Gittern reden und schreiben wir beherzt weiter und fahren fort zu sagen, wer die wahren Journalisten sind und wer die »Terroristen«.

Wir wehren uns nicht nur gegen den Druck der Regierung, sondern ebenso gegen ihre loyale Presse und ihre Troll-Armee, die mit Lügen und falschen Fotos eine Diffamierungskampagne gegen uns führen. Wir wissen, dass wir damit aufgerieben werden sollen. Deshalb reagieren wir nicht auf jede einzelne Lüge. Wir vertrauen auf den gesunden Menschenverstand unserer Leser und Zuhörer.

Jene, die meinen, unser Land bestünde allein aus ihnen, versuchen alle Widersacher als Feinde des Landes hinzustellen.

Es ist aber gerade umgekehrt, wir kämpfen, weil wir unser Land sehr lieben, gegen jene, die es unterdrücken, mit der einzigen Waffe, die uns zur Verfügung steht, auf dem friedlichsten Weg, den wir kennen: mit dem Stift.
Unser Stift ist unsere Ehre. Um ihn zu unterjochen, reicht weder eure noch sonst eine Macht auf der Welt. Unseren Mut ziehen wir aus unserer Unabhängigkeit.
In jedem Interview, in jedem Land, bei jeder Preisverleihung bringen wir nicht bloß zur Sprache, wie man uns unterdrückt, sondern ebenso, dass sich der Westen daran mitschuldig macht. Gemeinsam mit unseren Kollegen, die an eine freie Presse, freie Rede und Meinungsfreiheit glauben, enthüllen wir Lügen, die vor der Welt geheim gehalten werden sollen.
Wir berichten, wie diese Regierung die Gefahr, die sie jetzt zur Hexe erklärt hat, trotz all unserer Warnungen nährte, groß machte und mit ihr gemeinsam intrigierte.
Wir sagen: »Ja, ihr habt mit der Gülen-Bewegung von Anfang an gemeinsame Sache gemacht.«
Wir sagen: »Nein, die Gezi-Proteste waren nicht vom Ausland angezettelt, es war die rechtmäßige Rebellion des Volkes gegen die Unterdrückung.«
Wir fragen: »Jene, die behaupten, es gäbe Recht und Gesetz im Land, haben doch die Richter des Verfassungsgerichts, die uns auf freien Fuß setzten, ins Gefängnis gesteckt. Was ist das für ein Recht und Gesetz?«
Jene, die darauf verweisen, dass auch in Frankreich der Ausnahmezustand herrsche, erinnern wir daran, dass dort keine Journalisten, Abgeordneten und Parteivorsitzenden inhaftiert sind und das Parlament nicht ausgeschaltet ist.
Wir empfinden den Satz »Wenn es im Land einen Diktator gäbe, würdest du im Kerker sitzen« als Verleumdung und

überreichen dem, der das gesagt hat, die Liste unserer inhaftierten Weggefährten.
Jene, die uns bezichtigen, vor Unterdrückung geflohen zu sein, erinnern wir an Nâzım Hikmet, Ahmet Kaya, Yılmaz Güney, die sie bei jeder Gelegenheit preisen.[22]
Wir gedenken all jener mit Hochachtung, die ungeachtet des Etiketts ›Landesverräter‹ und ohne ihr Volk zu verraten, für Freiheit in ihrer Heimat kämpften, sich wehrten und produktiv waren.
Wir beobachten mit Befremden jene, die glauben, uns einschüchtern und zum Schweigen bringen zu können, indem sie uns zur Zielscheibe machen, als Geiseln nehmen, bedrohen, beschimpfen und beleidigen, verleumden und Lügen über uns verbreiten, und ziehen unsere Lehren daraus.
Wenn sie unter dem Vorwand, ihren ehemaligen Partner zu bestrafen, Tausende patriotisch denkende Menschen um ihre Freiheit, ihre Arbeit, ihre Heimat bringen, wollen sie erreichen, dass sich ihnen alle beugen.
Sie wollen, dass die Welt nicht sieht, welchen Druck sie ausüben, niemand soll darüber reden, alle sollen schweigen und furchtsam zuschauen. Wer sich nicht einschüchtern lässt, erregt ihren Zorn.
Die Schärfe ihrer Reaktion auf uns bestätigt das Gewicht unserer Worte.
Wir werden nicht schweigen. Selbst wenn die Bastionen, denen wir besonders vertrauen, einstürzen, wenn jene schweigen, von denen wir unbedingt erwarten, dass sie sprechen, werden wir nicht schweigen.

Bis Unrecht und Unterdrückung ein Ende haben, werden wir uns weiter für unser Land, unsere Demokratie, unsere

Freiheiten und unsere inhaftierten Freunde und Kollegen einsetzen.
Wenn wir unterliegen, verlieren wir all unsere Errungenschaften, von der Demokratie bis zum Laizismus, vom Parlament bis zur Gleichberechtigung von Mann und Frau, von Gerechtigkeit bis hin zu unserer Lebensweise.
Doch wenn wir heute Angst haben und schweigen, begraben wir mit all unseren Errungenschaften auch die Hoffnung auf die Zukunft. Das werden wir nicht tun.
Wir haben keine Angst.
Wir werden nicht schweigen!

Es gab kein Zurück mehr.
Ich war bereit gewesen, um meiner inhaftierten Kollegen willen nicht mehr in der *Cumhuriyet* zu schreiben, doch ich würde nicht aufhören, über andere Kanäle beharrlich weiter zuschreiben, was ich für richtig hielt.
Freunde, die sich in der Sprache der digitalen Welt auskennen, kamen zu Hilfe, meine aus der Zeitung entfernte Kolumne veröffentlichte ich nun im Netz.
Vom Produzenten direkt zum Abnehmer.

In jenen Tagen sagte Madonna bei der Verleihung des Preises Woman of the Year: »Dies ist an alle gerichtet, die mir das Leben zur Hölle machten: Aufgrund der Hindernisse, die ihr mir in den Weg legtet, bin ich zu der Kämpferin geworden, die ich heute bin.«
Und genau diese Kämpfer werden es sein, die einmal das Höllenfeuer auslöschen.

26

SILVESTER

Meine Mietwohnung war möbliert, doch der Tisch war klein, er reichte mir nicht. Der Tisch des Schreibenden ist wie die Drehbank des Drechslers, ohne geht es nicht. So ging ich immer mal wieder bei einem Möbelhändler in der Nähe vorbei und schaute nach Tischen. Auf einen hatte ich ein Auge geworfen: Die Platte war aus alten Bootsplanken, indonesische Handarbeit, bunt und massiv. Immer wieder kam ich, beäugte und berührte ihn, konnte mich aber nicht zum Kauf entschließen. Eine innere Stimme hielt mich zurück: »Du gehst ja doch bald zurück, wozu brauchst du den noch?«

Mit der Zeit wurde der Tisch für mich zu einem Symbol dafür, dass es keine Rückkehr gab. Mir war, als müsste ich definitiv im Exil bleiben, wenn ich ihn erwarb.

Früheren Exilanten, mit denen ich in Berlin sprach, war dieses Gefühl wohlbekannt. In der Überzeugung, ja doch bald zurückzukehren, hatten sie anfangs nicht einmal ihre Gärten bestellt. Jetzt, dreißig Jahre später, waren aus den Pflänzchen von damals Bäume geworden.

Mein altes Telefon klingelte kaum noch. Ohnehin kam es mir wie jemand vor, der sich mir gegenüber als Freund ausgab, aber als Denunziant für die Regierung arbeitete: Es unterrichtete die Polizei über die Gespräche, die ich führte, und

die Fotos, die ich aufnahm, und gab laufend durch, wo ich mich gerade aufhielt. Manche darin gespeicherte Namen hatten im Laufe eines Jahres diese Welt verlassen, doch ich brachte es nicht über mich, sie aus dem Adressbuch zu tilgen. In meinem neuen Telefon waren die neuen Namen meines neuen Lebens gespeichert.
Beim Blick auf meine Schuhe, die sich mehr und mehr abnutzten, fiel mir Nâzım Hikmets Gedicht *Mein Land* ein:

Weder meine Schiebermütze hat bei dir noch etwas zu suchen
noch meine Schuhe, die deine Wege trugen,
mein letztes Hemd ist längst am Rücken durchgewetzt,
es war von feinem Şile-Stoff.
Nur im Grau meiner Haare,
im Infarkt meines Herzens,
in den Linien meiner Stirn bist du noch
mein Land
mein Land
mein Land.

Der Abend des 19. Dezember hielt gleich zwei Desaster bereit:
Zuerst kam die Meldung von dem Attentat auf den russischen Botschafter in Ankara. Einer seiner Leibwächter hatte »Allah-u akbar« gerufen und den Diplomaten mit einem Kopfschuss niedergestreckt. Entsetzt klebte ich am Display, da platzte der Lastwagen-Anschlag auf den Berliner Weihnachtsmarkt herein. Beide Katastrophen verfolgte ich gleichzeitig, die in Deutschland auf dem Fernsehbildschirm, die in der Türkei auf dem Smartphone-Display. Meine alte Stadt, in der ich geboren und aufgewachsen war, und meine neue Stadt,

in die ich umgezogen war, wanden sich auf zwei Monitoren in der Klaue ein und desselben Wahns. Blinder Fanatismus breitete sich wie eine ansteckende Krankheit aus. Wer weiß, wie viel Blut noch vergossen werden würde.
Das neue Jahr begingen wir, eine Handvoll Menschen aus der Türkei, den Schrecken dieser Seuche in den Knochen, in der gemütlichen Atmosphäre einer Bar.
Im Vorjahr hatte ich Silvester allein in der Gefängniszelle »gefeiert«. Statt nun auch dieses Mal wieder allein zu Haus, fern von meinen Lieben, mit einer Jahresabschlussbilanz ins neue Jahr zu gehen, wollte ich unter Freunden sein.
Ich war nicht viel ausgegangen, seit ich hier war; wenn ich nicht im Büro arbeitete, arbeitete ich zu Hause. Meine Zelle hatte ich gewissermaßen nach Berlin mitgebracht und führte sie mit mir spazieren. Ich war wie hinter dieselben Gitter gesperrt, die meine Freunde und Kollegen festhielten.
Im Gefängnis hatte ich die Musik laut gedreht und für mich allein getanzt, doch seit ich draußen war, schien mir Tanzen unerhört.
In dieser Nacht regte sich zum ersten Mal etwas wie Freude in mir. Als ein finsteres Jahr seinen letzten Atemzug aushauchte, hoben wir das Glas auf die Ferne und stimmten Lieder an.
Bis das Nachrichtensignal unserer Telefone die Musik der Nacht übertönte.
Das Reina, einer der berühmtesten Istanbuler Nachtclubs, war überfallen worden, ein Bewaffneter hatte auf die Feiernden geschossen.
Es gab 39 Tote.
Wir ließen die halb ausgetrunkenen Gläser stehen und gingen bedrückt und sorgenvoll nach Hause. Wie bei einem blutigen Staffellauf hatte das neue Jahr die niedergedrückte Stimmung

vom alten übernommen. Früher hatten die Fernsehsender das erste Neugeborene des Jahres gemeldet, nun brachten sie die ersten Toten des neuen Jahres.
Als der IS-Attentäter gefasst wurde, lautete seine erste Aussage, er habe auf Anweisung aus Syrien gehandelt, die habe gelautet: »Da ist eine Zeitung, die unseren Propheten beleidigt, geh dahin!«
Bei dieser Zeitung handelte es sich um die *Cumhuriyet*, die aus Solidarität zum Protest gegen den Anschlag auf *Charlie Hebdo* ein Faksimile des Magazins gedruckt hatte.
Im letzten Augenblick hatte der Mörder aufgrund der Order »Um diese Zeit ist niemand in der Redaktion. Da ist diese Disco, wo die Ungläubigen feiern, geh dahin!« einen anderen Weg eingeschlagen.
Das neue Jahr begrüßte ich, indem ich verfolgte, wie mein trauerndes Land sich darauf vorbereitete, harmlos feiernde junge Leute zu begraben, und seinen Lebensstil, den zu bewahren es sich so bemüht hatte, gleich mit. Von ferne atmete ich das Leid. Chic gekleidete junge Leute wurden blutüberströmt herausgetragen, die Türkei hatte versucht, einmal eine Nacht lang zu vergessen, was ihr geschah, versank nun aber wieder unter einer Wolke des Kummers.
Am nächsten Tag wurde ein Modemacher, der wegen Posts in den sozialen Medien zur Zielscheibe geworden war, nach seiner Festnahme noch auf dem Rollfeld des Flughafens von Offiziellen als Landesverräter beschimpft und mit Schlägen und Fußtritten gelyncht.

Da kaufte ich den Tisch.

27

HRANT

Das Maxim Gorki Theater ist ein Tempel der Kunst, der mir seit meinem ersten Tag in Deutschland die Arme öffnete. Gleich in meiner ersten Woche begann ich, die Stücke dort zu verfolgen und auf seiner Website eine Kolumne zu schreiben. Diese Beziehung öffnete mir die Türen zur fruchtbaren Kunstszene in Berlin und zu neuen Freundschaften. Als die Intendantin Shermin Langhoff vorschlug, eine Podiumsdiskussion zum Gedenken an unseren Freund, den Journalisten Hrant Dink, zu veranstalten, entgegnete ich, ich glaubte nicht an den Nutzen von Podiumsdiskussionen, »Aber denkt doch mal an ein Bühnenstück!«. »Wenn du es schreibst, ja!«, lautete die Antwort, und ich war engagiert. Ich bestellte Bücher aus der Türkei und las mich in Hrants Leben ein, ich war mit ihm gemeinsam gereist, hatte mich mit ihm unterhalten und stets seine Courage bewundert. Viele seiner Vorfahren waren bei den Massakern von 1915 ermordet worden. Er war in einem Istanbuler Waisenhaus aufgewachsen. Dort lernte er Rakel kennen, die er später heiratete. Im Zuge des Militärputsches 1980 wurde er verhaftet und gefoltert. Doch er gab nicht auf, sondern gründete die zweisprachige türkisch-armenische Zeitung *Agos*. Als er 2004 in einem Bericht schrieb, Atatürks Adoptivtochter sei ein armenisches Mädchen aus einem Waisenhaus gewesen, wurde er zur Zielscheibe aufgebrachter Nationalisten. Ein Prozess wurde gegen ihn angestrengt, und er wurde wegen »Beleidigung des Türkentums« verurteilt. Türkische Nationalisten protestierten vor seinem Büro, dabei skandierten sie: »Lieb das Land oder hau ab!«, und überschütteten ihn mit Drohungen.

Als ich seine alten Artikel las, fühlte ich mich, als hätte ich in dem Strudel, der mich ergriffen hatte, einen alten Bekannten gefunden:

»Das«, schrieb Hrant, »sind Taktiken, um *Agos* zu isolieren und in ausweglose Verzweiflung zu stürzen. Doch sie wissen nicht, dass Leute wie wir nur stärker werden, je einsamer es um uns wird. Jene, die mich als ›Türkenfeind‹ bezeichnen, foltern mich im wahrsten Sinne des Wortes, die Menschen in meiner Umgebung sind natürlich erschrocken. (…) Ganz offensichtlich sorgen sie sich um mich.

Und ich?

Ich könnte nicht sagen, dass ich keine Angst hätte. Doch keine Sorge, ich habe nicht vor, mein Land zu verlassen und davonzulaufen. Ich bin doch daran gewöhnt, so zu leben. Von nun an werde ich lediglich ein bisschen mehr Angst haben. Das ist alles.«

In der Türkei schaufelt jeder Autor sein Grab mit dem Stift. Zum Leben als Autor in der Türkei scheint unabdingbar dazuzugehören, dass einem Angst, Drohungen und Tod wie ein Schatten folgen und man sich ihnen bewusst stellt.

Beim Schreiben ist es, als rackerten wir uns verzweifelt ab, den Ausgang eines Films zu ändern, dessen Ende wir schon kennen.

»Sein Andenken lebt weiter«, steht im Abspann hinter unseren Namen …

Hrant ignorierte beharrlich den Ruf seines engsten Umfelds: »Geh eine Weile außer Landes!« Er lebte und schrieb nach eigenem Wissen und Gewissen weiter, um »aus der Hölle, in der wir leben, ein Himmelreich« zu machen. Doch er war beunruhigt.
In seinem letzten Artikel, der am 19. Januar 2007 erschien, schrieb er:

> Diejenigen, die mich isolieren, die mich schwach und schutzlos machen wollen, haben es geschafft. (…) Mein Computerspeicher ist randvoll mit Protest- und Drohbriefen. (…) Aber was ich als wahrhaft bedrohlich und unerträglich empfinde, das ist die psychische Folter. (…) Leider bin ich inzwischen auch recht bekannt und spüre dauernd die Blicke der Leute, die sich zuraunen: Sieh mal, ist das nicht dieser Armenier? Und reflexartig setzt bei mir die Folter ein.
> Diese Folter besteht zum einen aus Sorge, zum anderen aus Beunruhigung.
> Teils Wachsamkeit, teils Furchtsamkeit.
> Ich bin wie eine Taube.
> Wie sie blicke ich mich ständig um, mein Kopf dreht sich wie ihrer ständig hin und her. Allzeit wachsam und zum Abwenden bereit. (…) Wisst ihr überhaupt, was es bedeutet, jemanden in die Unruhe einer Taube einzusperren?

Ich wusste es. Denn ich erlebte das Gleiche in Berlin:
Der gleiche von Drohbriefen überquellende Computer. Die

gleiche psychologische Folter. Die gleiche Unruhe einer Taube. Hrant schloss seinen Artikel optimistisch:

> Wahrscheinlich wird 2007 für mich ein noch schwierigeres Jahr. Einige Gerichtsverfahren dauern an, weitere werden eingeleitet werden. (…) Aber ich weiß, dass in diesem Land kein Mensch einer Taube etwas zuleide tut.
> Mitten in der Stadt und in der Menschenmenge können die Tauben ihr Leben leben.
> Etwas furchtsam, ja, aber auch frei.[23]

Am Tag, als dieser Artikel erschien, erwachte er morgens vermutlich wieder einmal mit dieser Tauben-Unruhe. Er bemühte sich, die Sorgenwolke, die sich in seinen Blick schlich, vor seiner Frau zu verbergen. Während sein Mörder an der Ecke auf ihn wartete, las er Zeitung, trank Tee, küsste seine Frau, als er aus dem Haus ging, ohne zu ahnen, dass all dies zum letzten Mal geschah.

In Eile hatte er wohl nicht sehr darauf geachtet, was er anzog, hatte ja im Traum nicht ahnen können, dass der Schuh, in den er schlüpfte, am nächsten Morgen auf den Titelblättern der Zeitungen prangen würde.

Um halb elf ging er aus dem Haus.

Vermutlich schaute er sich auch an diesem Tag achtsam um, ob ihn etwa jemand beobachtete.

Zuerst ging er in die Redaktion, dann zur Bank, um Geld abzuheben; als er herauskam, um 15:00 Uhr, trafen ihn hinterrücks zwei Kopfschüsse tödlich.

Polizisten bedeckten seinen auf der Straße hingestreckten blutüberströmten Körper mit einer Zeitung, doch der Schuh mit den Löchern in der Sohle ragte heraus.

Er hatte mit seinem am selben Tag publizierten Artikel gewissermaßen seine eigene Ermordung angekündigt. Nur in einem Punkt hatte er sich getäuscht: In seinem Land waren sehr wohl Menschen in der Lage, einer Taube etwas zuleide zu tun.

Als ich am 19. Januar 2017 Hrants letzte Zeilen auf der Bühne vorlas, sagte ich, sie kämen mir heute sehr bekannt vor. Unruhige Tauben flatterten in meinem Herzen.

28

ÖZGÜRÜZ

In anderen Weltgegenden mag Journalismus lediglich eine Berufsbezeichnung sein.
Wo aber die Wahrheit eingesperrt wird, wo um ihretwillen Menschen sterben, ist Journalismus eine Tribüne von unschätzbarem Wert. Eine Bastion, die es um der Demokratie willen zu verteidigen gilt.
In der Türkei bewegt man sich vom ersten Tag in seinem Beruf als Journalist an auf einem Minenfeld. Die Spuren, die die Vorgänger auf diesem Pfad hinterließen, stehen einem wie Mahnmale vor Augen. Manch einer sitzt verwundet hinter Gittern, andere liegen zerfetzt auf dem Friedhof.
Jeder Autor schaufelt sich sein Grab mit dem Stift.
»Wenn du diesen Bericht schreibst, verärgerst du die Regierung.«
»Wenn du jenen Mann angreifst, bist du selber dran.«
»Wenn du diese Karikatur zeichnest, erschießen sie dich.«
Dein Kopf schwirrt von solchen Sätzen. Journalismus aber bedeutet, dennoch diesen Bericht zu schreiben, jenen Mann anzugreifen, diese Karikatur zu zeichnen. Er ist eine Mutprobe. Ist der Kampf gegen die Angst noch vor dem Kampf gegen die Mächtigen.

Bereits vor meiner Ankunft in Berlin stand für mich fest, dass ich meinen in der Türkei so drangsalierten Beruf auch in Deutschland weiter ausüben würde. Einige der Jungtürken, die zu Beginn des 20. Jahrhunderts in der Endphase des Osmanischen Reiches gegen den Absolutismus des Sultans kämpften, mussten damals nach Europa gehen, hier brachten sie in den Hauptstädten Zeitungen und Zeitschriften heraus, in deren Umfeld sie sich organisierten, hier setzten sie ihr oppositionelles Engagement fort. Sollte es nicht möglich sein, hundert Jahre später, zu Beginn des 21. Jahrhunderts, dasselbe zu tun? Die Kommunikationstechnologien sind inzwischen weiter fortgeschritten, es ist viel einfacher geworden, an Nachrichten zu kommen und Nachrichten zu verbreiten. Auch ein Team stand schon bereit: In der Türkei hatten hervorragende Journalisten ihre Arbeit verloren, weil ihre Zeitungen oder Fernsehsender verboten oder unter Druck gesetzt worden waren, nun saßen sie zu Hause. Könnten wir nicht mit ihnen zusammenkommen und ein Internetportal als freies Medienorgan ohne Zensur und ohne Boss gründen, um die unter Verschluss gehaltene Wahrheit in Wort und Schrift zu verbreiten? Könnten wir nicht einerseits die Berichte und Kommentare, die keinen Platz mehr in den Mainstream-Medien fanden, an unsere Leser und Zuschauer weitergeben und andererseits die Türkei der Zukunft vorbereiten?

»Natürlich können wir das«, sagte ich anfangs.

Ich bin immer sehr optimistisch.

Als ich auf die »Informationsautobahn« fuhr, die das Informationszeitalter bereithielt, stellte sich mir jedoch ein mächtiger Felsbrocken in den Weg:

Die Angst.

Zuallererst rief ich eine für ihren Mut bekannte Journalistin an. Ich hatte meine Frage »Schreibst du für uns?« noch gar nicht ganz ausgesprochen, da hielt sie mir entgegen: »Unmöglich. Niemand kann das. Allein aufgrund dieses Telefonats könnte ich schon verhaftet werden. Am besten hast du mich gar nicht angerufen.« Damit legte sie auf.

Das war der erste Schock.

Zu Recht fürchtete sie, in die Schusslinie zu geraten.

Ob ich darum bitten sollte, unter Pseudonym für uns zu schreiben?

Auch digitale Korrespondenz las die Polizei mit.

Und die Reporter?

Für Reporter in der Türkei war es gefährlich, als Dissidenten zu arbeiten. Sie würden vor Ort, mitten im Geschehen, Auge in Auge mit Polizei und Gendarmerie Bericht erstatten und unter massivem Druck stehen. Auch wer in Berlin für uns arbeiten würde, wäre bedroht.

Die Ersten, die ich anrief, wollten lieber arbeitslos bleiben, als ein solches Risiko einzugehen. Es wäre auch schwierig, an Nachrichtenquellen heranzukommen, meinten sie. Viele hätten Angst, mit einem regierungskritischen Publikationsorgan im Ausland zu sprechen. Selbst Politiker, die unser Büro besuchten, wollten lieber keine Fotos machen lassen: »Nicht dass man mich hier sieht!«

Selbst wenn wir diese Hürden nahmen, wie sollten wir die Zensur des Internets durch die Regierung ausschalten?

Einmal angenommen, auch das gelänge uns, wie sollten wir eine solche Initiative finanzieren?

Mit ausländischen Fonds?

Das wäre ein großes Handicap für einen Journalisten, den man der Spionage bezichtigt hatte.

Mit Leserbeiträgen?

Selbst wenn Leser uns unterstützen wollten, wie sollten sie ihre Spenden übermitteln? Stets mit dem Risiko, registriert zu werden?

Tage, Wochen vergingen mit der Suche nach Lösungen für diese Probleme.
Schließlich krempelten wir gemeinsam mit ein paar jungen Leuten, die in Deutschland lebten, aber keine Journalisten waren, die Ärmel hoch und machten uns an die Arbeit. Bald bot das Repressionsklima in der Türkei uns eine neue Chance: Immer mehr Journalisten, die keine Möglichkeit sahen, ihren Beruf in der Türkei weiter auszuüben, kamen nach Berlin. Unter ihnen waren bekannte, fähige Freunde und Kollegen. Hinzu kamen noch Dutzende Akademiker, die von ihren Universitäten entlassen worden waren.
Die zentrale Rolle, die vor einhundert Jahren Paris für den Freiheitskampf der Jungtürken gespielt hatte, übernahm jetzt Berlin und wurde bis auf weiteres zur Zentrale für politische Flüchtlinge im Kampf für die Demokratie.
Den Namen unserer Plattform fand Semra Uzun-Önder: *Özgürüz* – Wir sind frei.
Das Buch, das ich im Gefängnis geschrieben hatte, bekam damals seinen Originaltitel von einem Tweet, den ich absetzte, als der Haftbefehl gegen uns erging:
Tutuklandık – Wir sind verhaftet.
Mit der Plattform nannten wir auch unsere neue Situation beim Namen.
Ein begabter Freund bastelte aus ineinander verschränkten Armen einen Hashtag und schuf damit unser Logo. Ein anderer drehte einen Promotion-Clip für uns.
Am 24. Januar sollte *Özgürüz* starten. Das war der Jahres-

Can Dündar und David Schraven vom Recherche-Büro Correctiv bei der Vertragsunterzeichnung für *Özgürüz*.

tag des Autobombenanschlags auf Uğur Mumcu, einen der mutigsten investigativen Journalisten der Türkei.

Mit Spenden einiger weniger Unterstützer in Deutschland, Personen wie auch Einrichtungen, fingen wir an. In einem ersten Aufruf baten wir unsere Leser um Unterstützung. Zehn Euro von einem in Deutschland lebenden Türken gingen daraufhin als Erstes ein. Er versprach, diese Spende von nun an monatlich zu leisten. Wir riefen ihn an und bedankten uns. Bald folgten andere. Nun ging unser Blick ständig zum Zähler am Eingang, dort konnten wir ablesen, wie unser Unterstützerkreis nach dem Crowdfunding-Prinzip Tag für

Tag größer wurde. Unsere Spardose füllte sich. Bald hatten wir so viel, dass wir Gehälter für eine Handvoll Redaktionsmitarbeiter und Honorare für Journalisten, die bereit waren, für uns zu schreiben, zahlen konnten. Mit all seinen Wehen und Aufregungen konnte das Abenteuer eines Exilmediums nun losgehen.

Ein paar Tage arbeiteten wir die Nächte in der Redaktion durch und gestalteten die Website. Es sollten Nachrichten und Analysen auf Deutsch und Türkisch erscheinen, wir wollten uns nicht darauf beschränken, für die Türkei Bericht zu erstatten, sondern uns auch für mehr Verständnis für die Türkei in Deutschland und um Verständigung zwischen beiden Gesellschaften einsetzen.

Am 23. Januar waren wir bei den letzten Vorbereitungen, als die Nachricht kam:

Als »Resultat technischer Untersuchung und juristischer Beurteilung« hatte die Regierung unsere Seite gesperrt.

Dabei hatten wir noch gar nicht angefangen! Was hatten sie denn gesehen, das sie juristisch hätten beurteilen können? Schon früher hatte die Regierung ein noch gar nicht gedrucktes Buch bereits in der Druckerei beschlagnahmt, jetzt stoppte sie eine Website, bevor sie online ging. Beim besten Willen hätten wir selbst nicht besser schildern können, wie massiv die Medien in der Türkei unterdrückt wurden.

So fiel uns der Titel »Erste noch vor dem Start verbotene Website« zu. Angst hatten also nicht nur die Journalisten und Reporter, die ich um Mitarbeit gebeten hatte. Auch jene, die es gewohnt waren, dass man ihnen gehorchte, fürchteten Widerspruch.

Wir scherten uns nicht weiter um das Verbot, wir würden andere Wege finden, unser Publikum zu erreichen. Die Menschen in der Türkei hatten ja Erfahrung damit, Internetzensur zu umgehen. Das Verbot brachte uns vor allem Interesse ein: In den ersten zehn Stunden folgten uns 20 000 Personen auf Twitter, und die Zahl unserer Unterstützer stieg rasch auf zweihundert, das zündete bei uns eine Rakete der Hoffnung.

Als wir online gingen, veröffentlichten wir ein paar Artikel von Autoren aus der Türkei, die sich getraut hatten, für uns zu schreiben, und eine Studie über den Waffenhandel zwischen Deutschland und der Türkei.

Im Gründungsmanifest schrieb ich:

> In einem freieren Umfeld, aus den Fehlern der Vergangenheit lernend, werden wir objektiv und mutig zum investigativen Journalismus zurückkehren. Wir werden all unsere Kraft dafür einsetzen, dem Volk, das kurz vor lebenswichtigen Entscheidungen steht, all jene Nachrichten zu vermitteln, das es benötigt. (...) Es ist eine Initiative, die beweisen wird, dass freies Denken niemals zum Schweigen gebracht werden kann.[24]

Hayko Bağdat, der nach Deutschland gekommen war und sich der Redaktion angeschlossen hatte, als ihm der Druck in der Türkei zu groß wurde, und ich traten vor die Kamera und sagten: »Sie können uns nicht aufhalten.«

Die Kamera war das Handy von Haykos Sohn. Als er einmal eine Pause beim Spielen machte, hatten wir es von ihm ausgeliehen.

Und was das Senden anging:

Wir waren ja keine Fernsehanstalt. Mit Hilfe einiger technisch versierter Freunde produzierten wir in einer Ecke der Redaktion für Periscope. Die Sendung stellten wir anschließend auch auf Facebook, YouTube und Twitter. Wurde ein Kanal gesperrt, sendeten wir über einen anderen. Zehntausende verfolgten eine Sendung. Während wir auf Periscope online waren, hagelte es auf der Kommentarseite ebenso viele Beschimpfungen wie Glückwünsche.

Als hochrangige deutsche Politiker und bald darauf auch aus der Türkei stammende Politiker exklusiv bei uns sprachen, öffneten sich für *Özgürüz* die Türen.

Politisch waren wir gestärkt, doch die infrastrukturellen Mängel waren eklatant. Jedes Mal gab es ein anderes Problem, entweder spielte uns die Beleuchtung einen Streich oder der Ton oder die Sendung. Ich vergesse nie den Schock, als mir unser Regisseur nach einem Interview, das ich mit Bundestagspräsident Norbert Lammert geführt hatte, gespickt mit Sätzen, die jeder für sich eine Schlagzeile wert waren, geknickt sagte: »Leider lief die Sendung ohne Ton.« Wir alle gaben unser Bestes, dennoch hatten wir arg mit technischen Schwierigkeiten zu kämpfen.

Bald kam ein Sicherheitsproblem dazu.

Der türkische Geheimdienst hatte nicht lange gebraucht, um unsere Adresse herauszufinden, und schickte unverzüglich ein Fernsehteam von einem regierungsnahen Sender aus Istanbul nach Berlin zum »Überfall«. Eines Tages stand ein Moderator vor unserer Tür, der vor laufender Kamera ins Mikrofon sagte: »Und hier ist das Nest der Verräter!« Bei der Sendung am nächsten Abend nannte er den Stadtteil, in dem unsere Redaktion liegt, beschrieb das Gebäude, zeigte zu den Fenstern, hinter denen wir arbeiteten, und gab bekannt, wann wir ein und aus gingen.

Damit standen wir am Pranger.

Aus Angst, es könnte einen Überfall wie bei *Charlie Hebdo* geben, kündigte meine Sekretärin. Eine andere Mitarbeiterin hielt dem Druck ihrer Familie nicht stand, die sie drängte aufzuhören. Doch mit denen, die bei uns blieben, machten wir weiter. Und weitere couragierte Menschen stießen zu uns. Bald waren in Istanbul, Ankara und Diyarbakır Reporter und Kameraleute für uns tätig.

Unser Nachteil begann sich in einen Vorteil zu verkehren: Wer sich in den Mainstream-Medien kein Gehör mehr verschaffen konnte, zum Schweigen gebracht oder zensiert wurde, meldete sich bei uns und konnte weiter reden.

Informanten trugen uns Berichte zu, die niemand sich zu veröffentlichen getraute.

Es war schwierig, bekannte Autoren zu gewinnen, das war aber zugleich die Chance, neue Mitstreiter zu finden.

Zu unseren mutigen Reportern vor Ort gesellten sich bald Bürgerreporter hinzu. Wir versuchten, Leuten, die etwas zu sagen hatten, eine Chance auf *Özgürüz* zu geben, sie bekamen unser Periscope-Password. So entstanden unglaubliche Szenen:

Eine Frau etwa, die bei einer Protestaktion festgenommen wurde, sendete über den Account von *Özgürüz* live aus dem Polizeifahrzeug und berichtete von dem Geschehen.

Gemeinsam erlebten wir, wie ein in einem Meer von Unmöglichkeiten und Unzulänglichkeiten im Exil gegründetes alternatives Medium, auch mit Hilfe der Technologie, für unüberwindbar gehaltene Mauern niederriss und jene erreichte, die für unerreichbar gehalten worden waren. Aufgeregt wie die Macher von Schülerfernsehen sagten wir einmal mehr und allen Beschwerlichkeiten zum Trotz: »Wie gut, dass wir Journalisten sind!«

In meinem Büro gab es einen Fernsehapparat, auf dem ich die türkischen Sender verfolgen konnte. Gleich daneben lag das Studio, aus dem wir sendeten. Das Land, über das wir sprachen, war so anders als jenes, das ich auf dem Bildschirm sah, dass es mir vorkam, als würde ich jedes Mal, wenn ich die fünf, sechs Schritte aus dem Studio in mein Büro zurückging, einen Abgrund überwinden. Die Angst vor Erdoğan hatte den türkischen Medien schier die Augen verbunden. Neben all dem Geschehen steckte jeder von uns zudem im Strudel Tausender Probleme, Pass, Visum, Aufenthaltserlaubnis, Versicherung, Arbeitserlaubnis, Wohnungssuche, Eröffnung eines Bankkontos, Nachholen unserer Familien … Die Schwierigkeiten häuften sich und führten bald auch zu Sorgen und Rissen im Team. Daraufhin verlagerten wir die Achse, legten nun den Schwerpunkt auf die Türkei und überließen den Reportern die Initiative. Nun probierten wir ein vor Ort geführtes, freies Publikationsorgan ohne Hierarchie aus, mit zehn Personen in vier Städten, die einander nicht kannten, aber dasselbe Ideal teilten und über eine WhatsApp-Gruppe kommunizierten, sie waren mit einem kleinen Telefon unterwegs, das als Kamera, Mikrofon, Aufnahmegerät, Gegensprechanlage, Computer, Scheinwerfer oder Lautsprecher diente. So sorgten wir für unser Recht auf Information und Berichterstattung. Auf das Internetportal folgte zunächst der Periscope-Account und dann das monatlich erscheinende zweisprachig türkisch-deutsche *Özgürüz*-Magazin. Anschließend gründeten wir den *Özgürüz*-Verlag für Bücher, die nicht gedruckt werden konnten, weil sie für bedenklich gehalten wurden. Darüber hinaus beantragten wir die Einrichtung einer deutsch-türkischen Radiosendung. So entwickelten wir uns mehr und mehr zu einer freien, ausschließlich von

Journalisten betriebenen und geführten Mediengruppe. Möglicherweise gehen die demokratischen Medien der Zukunft aus dieser originären Initiative hervor, die aus der Erfahrung der Repression heraus entstand.

29

SCHUTZ

Der Überfall des Regierungssenders auf *Özgürüz* hatte den Nutzen, dass wir unter Schutz gestellt wurden. An dem Tag, als das TV-Team kam, war ich zufällig nicht in der Redaktion. Als die Kollegen bemerkten, dass jemand die Räume beobachtete, riefen sie die Polizei. Da wir nun eindeutig stigmatisiert waren, begann die Polizei, unser Büro zu bewachen. Mir wurde Personenschutz für Veranstaltungen zugewiesen, wenn mein Auftritt dort angekündigt war. Als Erdoğan seine Verbalattacken verschärfte und die Drohungen in den sozialen Medien eskalierten, wuchs die Leibgarde.

Es waren durchweg ausgesucht höfliche Menschen. Sie hörten meine Vorträge und erfuhren dadurch eine Menge über die Türkei und über mich.

Beim ersten Treffen fragten sie mich, ob ich mit einem Attentat rechnete.

»Wenn der Staat es beschließt, macht er es«, lautete meine Antwort.

In der Türkei gehen solche Dinge nicht ohne Kenntnis des Staates vor sich. Der Staat toleriert diese Art von Gewalt, steuert sie oder übernimmt gleich selbst die Ausführung. Ich glaube nicht daran, dass der Staat von irgendeinem politischen Anschlag im Laufe der letzten hundert Jahre nichts gewusst hätte. Von Seiten jener, die in den sozialen Medien unter falscher Identität wüteten und brüllten, ging meiner Meinung nach dagegen keine ernstzunehmende Bedrohung aus.

Um ehrlich zu sein, wollte ich ungern nun auch in Deutschland, wie in der letzten Zeit in der Türkei, mit den Einschränkungen eines ständigen Personenschutzes leben, weil es Drohungen gegen mich gab. Ich bat meine Personenschützer, sich bei den Veranstaltungen nicht zwischen das Publikum und mich zu stellen und möglichst unauffällig zu bleiben. Daraufhin schlugen sie vor:

»Wir werden in der ersten Reihe sitzen, wenn Sie auf der Bühne sind. Wenn Sie etwas Beunruhigendes bemerken, geben Sie uns ein Zeichen, dann greifen wir sofort ein.«

»Einverstanden«, sagte ich. »Was für ein Zeichen soll ich geben?«

»Fassen sie sich zum Beispiel ans Ohr, dann wissen wir Bescheid.«

So verblieben wir.

Bei der Lit.Cologne saßen sie in der ersten Reihe zwischen den Zuschauern, als ich auf der Bühne sprach. Für mich war ein Dolmetscher engagiert, damit ich die auf Deutsch gestellten Fragen verstand. Ich hörte die Übersetzung per Kopfhörer, aber der Kopfhörer war extrem lästig, immer wieder rutschte er mir aus dem Ohr. Andauernd musste ich ihn zurechtrücken. Und jedes Mal, wenn ich die Hand zum Ohr hob, sprangen die Personenschützer in der ersten Reihe auf. Eine Weile zog ich es vor, auf die Übersetzung zu verzichten, um die Leibwächter nicht zu beunruhigen. Doch nun verstand ich die Fragen nicht mehr. Es war schwierig, und nach dem Vortrag einigten wir uns auf ein anderes Zeichen.

In Berlin lebt eine große türkische Community, darunter sind auch leidenschaftliche AKP-Anhänger, weshalb die Stadt für Dissidenten wie mich natürlich nicht sicher ist. Der türkische Geheimdienst ist hier aktiv, die Moscheen fungieren als Propagandazentren, mafiöse Strukturen sind verbreitet, Fanatismus liegt auf der Lauer. Andererseits sind aber auch viele fortschrittlich gesinnte Freunde hier, die genug von den Repressionen in der Türkei hatten, herkamen und, obwohl sie sich hier ein neues Leben aufgebaut haben, den Kampf in der alten Heimat unterstützen. Mit ihrer intensiven Unterstützung machen sie intensiven Personenschutz überflüssig.
Die Hasswelle, mit der Erdoğan die Türkei überschwemmt, reißt leider auch zwischen den Menschen in Deutschland tiefe Klüfte auf. Dabei könnte die türkisch-kurdische Diaspora in Deutschland ein Beispiel für friedliches Zusammenleben in Vielfalt bilden und der gespaltenen Türkei zum Modell werden. Die deutsche Kanzlerin hätte diese Menschen in Zeiten, da die Krise mit der Türkei hochkochte, einladen, sich ihre Sorgen anhören und sagen können: »Nicht mit euch haben wir ein Problem!«
Vielleicht wären wir dann nicht gezwungen, wegen der Hassreden eines Tyrannen, der uns gegeneinander aufwiegelt, einander besorgt über die Schultern von Leibwächtern hinweg anzusehen.

30

SHAKESPEARE

Ein Anruf aus London:
»Hier ist die Royal Shakespeare Company. Wir möchten Ihr Buch *Lebenslang für die Wahrheit* für die Bühne adaptieren. Was meinen Sie?«
Ich konnte es kaum glauben. Das Buch, das in einer Istanbuler Gefängniszelle entstanden war, sollte in England auf die Bühne! Und obendrein bevor auch nur ein Jahr seit seiner Entstehung vergangen war.
»Wann?«, fragte ich.
»Wir haben den 16. Juni vorgesehen«, sagte die Stimme am anderen Ende.
»Haben Sie sich bewusst für diesen Termin entschieden?«
»Wie meinen Sie?«
»Das ist mein Geburtstag!«
»Nein. Das wussten wir nicht.« Die Stimme lachte.

Ich flog in die Shakespeare-Stadt Stratford-upon-Avon. Dort traf ich auch Ege.
Am 16. Juni 2017 betrat ich das Theater.
Auf der Bühne ein Mann, die Zuschauer ringsum. Bald erzählte er aufgeregt, was ihm widerfahren war, bald übermannten ihn die Gefühle, und er versank in sich selbst. Er schrieb,

wurde angeklagt, verhaftet, ihm geschah Unrecht, auf ihn wurde geschossen, er tanzte, er lachte, er weinte.

Das war ich.

Wie auf meinem Platz angenagelt verfolgte ich mich, etwas verblüfft und sehr wehmütig, doch es fiel mir schwer, »mich« auf der Bühne wiederzuerkennen.

War ich es, der all das erlebt hatte?

War das alles in nur anderthalb Jahren geschehen?

War es ein Theaterstück, das ich dort sah, oder war es Selbsterlebtes?

Ich war hinter ein anderes Gesicht getreten, in andere Kleider geschlüpft und sprach eine andere Sprache.

Mit betrübten Blicken verfolgten die Zuschauer das Stück, musterten immer wieder auch mich und betupften ihre feuchten Augenlider mit Taschentüchern. Dem Blick meines Sohnes, der im Publikum saß, wich ich aus.

Der Mann, den ich auf der Bühne sah, war nicht derselbe, den ich im Spiegel sah, er handelte und sprach unabhängig von mir, erzählte aber von mir.

Beim Zuschauen wusste ich nicht, ob ich stolz sein oder den Mann bemitleiden sollte.

An der Seite des Mannes auf der Bühne gab es noch einen zweiten: Er wechselte von einer Gestalt zur anderen, bald war er Staatsanwalt, bald Richter und klagte mich an; bald Polizist, bald Wächter und sperrte mich in die Zelle, bald meine Frau, bald mein Sohn und hakte sich bei mir ein.

Hatte ich jenen, die sich bei mir eingehakt hatten, Grund zum Stolz gegeben oder Schaden zugefügt? Ich war außerstande, es einzuschätzen.

Eine Stimme, die aus meinem Stift geschlüpft war, hatte einen Brocken aus dem Gipfel des Berges gebrochen, den ich herausforderte, der Brocken war zur Lawine geworden, hatte mich, meine Familie, alle, die mir nahestanden, gepackt und mit sich in die Ferne gerissen.

Während es mich fortriss, buhten am Hang auf der einen Seite des Berges die Leute mich aus, schimpften mich »Landesverräter!«, jene am anderen Hang aber bejubelten mich, als wäre ich ein Held.

Dann waren da noch die Zuschauer, die stumm und gleichgültig wie die Mauern meiner Zelle nur zusahen.

Keinen von ihnen konnte ich wirklich sehen, in einem fort riss es mich weiter, dabei rief und schrie ich, so laut ich konnte. Jeder Aufschrei wurde Schnee und fiel auf mich herab, die Last wurde schwerer und schwerer.

Jetzt aber …

Auf einer fernen Insel, in der beschaulichen Stadt eines Meisterdichters, in einem Moment, da ich ruhig wurde, klar und still, trat auf einer Bühne ein Mann vor mich hin und sagte: »Schau, das ist, was du erlebt hast.«

War es richtig, was er getan hatte, überwogen seine Fehler das, was er richtig gemacht hatte, war er zu weit gegangen, hatte er zu wenig getan? Ich konnte es nicht einschätzen.

Es war mein Geburtstag.

Was aus dem Bauch aufstieg und mir die Kehle verschloss, war nicht nur, was sich im Laufe des letzten Jahres abgesetzt hatte, sondern im Laufe meines gesamten Lebens.

Nun schwieg ich, der Mann auf der Bühne sprach, erzählte denen, die ihm verwundert zuschauten, was er warum und wie getan hatte.

Als das Stück endete, konnte ich nicht aufstehen, die Bürde von anderthalb Jahren lastete schwer auf meinen Schultern, zu schwer, um sie in anderthalb Stunden abzuwerfen.

Mir war, als würde ich ertrinken.
Ege umarmte mich fest und ich ihn.
»Wir haben eine Menge Wasser geschluckt«, brachte ich über die Lippen, »aber wir haben uns nicht vom Wasser verschlucken lassen.«
War es das wert?
Ja, es hat sich gelohnt.

DAS IST NOCH NICHT DAS ENDE.

ANMERKUNGEN UND ERLÄUTERUNGEN

Mit Ausnahme des Literaturnachweises in der Endnote 10 stammen alle Anmerkungen von der Übersetzerin.

1 Im Jahr 2002 wurde in der Türkei die Todesstrafe abgeschafft.

2 Gülsüm Elvan wurde Anfang August 2017 bei einer Solidaritätskundgebung für Hungerstreikende malträtiert und festgenommen. Sie ist die Mutter von Berkin Elvan, dem Jugendlichen, der 2013 während der Gezi-Proteste beim Brotholen von einer Tränengasgranate am Hinterkopf getroffen wurde, nicht mehr aus dem Koma erwachte und im März 2014 im Alter von nur fünfzehn Jahren verstarb.

3 Am 12. September 1980 putschte das Militär. Am 28. Februar 1997 gab der Nationale Sicherheitsrat unter Leitung des Militärs ein Memorandum heraus, aufgrund dessen einige Monate später der islamistische Ministerpräsident Necmettin Erbakan mit seiner Regierung zurücktreten musste, die Intervention wird als »postmoderner Staatsstreich« bezeichnet. Vor den Präsidentschaftswahlen 2007 betonte der Generalstab in einem im Internet veröffentlichten, als E-Memorandum verstandenen Statement am 27. April, dass der künftige Staatspräsident die kemalistischen Prinzipien, vor allem Republikanismus und

Laizismus, zu wahren habe, woraufhin von der AKP Abdullah Gül als Kandidat aufgestellt und schließlich gewählt wurde.

4 Tarçın (dt. Zimt) war der Hund der Familie.

5 PKK-Chef Abdullah Öcalan war im Februar 1999 vom türkischen Geheimdienst in Kenia gefasst und in die Türkei verschleppt worden, wo er zum Tode verurteilt wurde; mit Abschaffung der Todesstrafe 2002 wurde das Urteil in lebenslange Haft umgewandelt.

6 Anspielung auf Ahmet Hamdi Tanpınars Gedicht *Bir adın kalmalı* (Ein Name soll von dir bleiben), eine Zeile darin lautet: *Sokaklar dolusu bir adamın yalnızlığı* (Die Einsamkeit eines Mannes straßenvoll).

7 Schlusszeilen aus Özdemir Asafs Gedicht *Einsamkeit kann man nicht teilen.*

8 Die Notgemeinschaft deutscher Wissenschaftler im Ausland, 1933 von dem Pathologen Philipp Schwartz in Zürich gegründet.

9 Deutsch: »Freie Tagesordnung«. Eine kurdisch-türkische Tageszeitung, 1992 in Istanbul gegründet, im August 2016 mit der Begründung geschlossen, die Zeitung verbreite Propaganda für die PKK.

10 Nâzım Hikmet: *Landesverräter*. Übersetzt von Helga Dağyeli-Bohne und Yıldırım Dağyeli. In: Nâzım Hikmet: *Die Luft ist schwer wie Blei*. Gedichte zweisprachig. Berlin: Dağyeli Verlag, 2000. S. 243.

11 Wörtlich: Der Gute, der Böse, der Hässliche. Internationaler Titel des Films *Zwei glorreiche Halunken* (Sergio Leone, 1966).

12 Ahmet Hâşim (ca. 1883–1933), Dichter und Schriftsteller, gehört zu den Vorreitern des türkischen Symbolismus.

13 *Kara tren* (Die schwarze Eisenbahn): Lied von Yavuz Bingöl.

14 Der *Spiegel* brachte den offenen Brief redigiert und stark gekürzt

unter dem Titel »An die Kanzlerin der freien Welt«, 17/2016, 23.04.2016, S. 90. [Übersetzer nicht bezeichnet]

15 Der Sacharow-Preis für geistige Freiheit, auch »EU-Menschenrechtspreis« genannt, wird jährlich vom Europäischen Parlament an Persönlichkeiten verliehen, die sich für Menschenrechte und Meinungsfreiheit einsetzen.

16 Anspielung auf eine Zeile in Nâzım Hikmets Gedicht *Güneşin sofrasında* (Am Tisch der Sonne).

17 FETÖ, Abkürzung für: Fethullah-Terrororganisation, ist in der Türkei seit dem Putschversuch die gängige Abkürzung für die Gülen-Bewegung, die seither als Terrororganisation bezeichnet wird.

18 *Cumhuriyet* ist das türkische Wort für Republik.

19 Sabahattin Ali (1907–1948): *Mahpushane Türküsü* (Das Lied des Kerkers).

20 *Sosyalizm ve Toplumsal Mücadeleler Ansiklopedisi*: Achtbändige originär auf Türkisch erschienene Enzyklopädie über die Entstehung des modernen Sozialismus und seine Rolle in der Gesellschaft (Istanbul, İletişim-Verlag, 1988).

21 Lied von Ahmet Kaya (1957–2000): *Nereden bileceksiniz* (Woher sollt ihr denn wissen).

22 In der Phase der Applasement-Politk den Kurden gegenüber erklärten sich Erdoğan und die AKP jahrelang solidarisch mit Dissidenten wie Nâzim Hikmet u. a., um sich als Alternative zur kemalistischen Staatsdoktrin zu präsentieren.

23 Hrant Dink: *Ich bin wie eine Taube*, *Agos*, 19. Januar 2007. Im *Tagesspiegel* erschien am 23.01.2007 eine gekürzte Übersetzung von Susanne Güsten, der dieser Textauszug weitgehend folgt.

24 Siehe: https://correctiv.org/blog/2017/01/24/das-ende-der-pressefreiheit/

BILDNACHWEIS

S. 91: Bundesregierung / Guido Bergmann / dpa. © dpa.
S. 125: © dpa / Wolfgang Kumm.

Can Dündar

Lebenslang für die Wahrheit. Aufzeichnungen aus dem Gefängnis

Aus dem Türkischen von Sabine Adatepe
304 Seiten, gebunden
ISBN 978-3-455-50424-8
Hoffmann und Campe Verlag

Im November 2015 wird Can Dündar, Chefredakteur der regierungskritischen Tageszeitung *Cumhuriyet*, verhaftet. Ihm wird Spionage und Verrat von Staatsgeheimnissen vorgeworfen. Sein Vergehen: Er hat die Waffenlieferungen des türkischen Geheimdienstes an syrische Extremisten aufgedeckt. Staatspräsident Erdoğan stellt persönlich Strafanzeige und fordert lebenslange Haft. Nach drei Monaten Einzelhaft kommt Can Dündar vorläufig frei. Dann wird er in erster Instanz zu knapp sechs Jahren Gefängnis verurteilt. Vor dem Gerichtsgebäude wird auf Dündar geschossen, der Attentäter beschimpft ihn als Vaterlandsverräter. In *Lebenslang für die Wahrheit* erzählt Dündar die Geschichte hinter der Geschichte, von der mutigen Entscheidung, über die illegalen Waffenlieferungen zu berichten, bis zu seiner Verhaftung und seiner Zeit in Einzelhaft. Innerhalb der grauen Betonmauern schöpft er neue Kraft für seinen Kampf für Presse- und Meinungsfreiheit.

»Eine fesselnde und sogar aufbauende Lektüre,
weil hier einer mit der einfachsten Waffe des
Aufklärens, mit Stift und Papier, gegen
Lügen und Machtmissbrauch kämpft.«
Süddeutsche Zeitung